Elke Homburg

Glücksorte auf Teneriffa

Fahr hin & werd glücklich

Dieses

Glücksbuch

ist für

Liebe Glücksuchende,

der Vulkan Teide scheint über den Wolken zu schweben. Seinen bildschönen Kegel schiebt er majestätisch 3715 Meter hoch in den kanarischen Himmel – im Winter auch mit schneeweißer Zipfelmütze. Ein Anblick, der schon den Naturforscher Alexander von Humboldt faszinierte. Der Feuerberg schuf Teneriffa vor Urzeiten und formte die orangerote Mondlandschaft im Inselherzen. Vulkanische Kräfte modellierten auch die faszinierende schwarzgrüne Nordküste mit ihren Lavapools und ihrer üppigen Vegetation. Hier warten Auszeiten für die Seele und für alle Sinne. Teneriffa ist aber auch die Kulturinsel der Kanaren, auf der Kolonialstädte mit Flair und tolle Museen locken genauso wie das „Auditorio" – ein Konzerthaus mit erstklassigem Orchester, das nebenbei auch eine Ikone moderner Architektur ist. Lauter Glücksorte – zum Schauen, Staunen, Schlemmen. Die Auswahl fiel schwer, aber ich bin sicher: Für jeden ist etwas dabei. Ich wünsche Ihnen auf jeden Fall viel Spaß beim Entdecken und Genießen.

Ihre Elke Homburg

GLÜCK

Deine Glücksorte ...

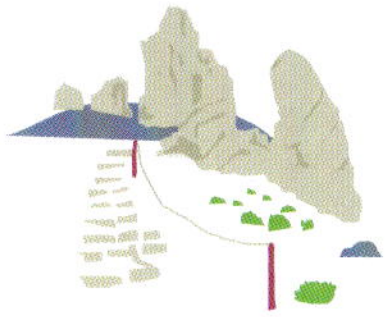

... noch mehr Glück für dich

Weltklassepanorama

1 Der Mirador de Humboldt

„Kein Ort der Welt scheint mir geeigneter, die Schwermut zu bannen und einem schmerzlich ergriffenen Gemüte den Frieden wiederzugeben, als Teneriffa …“, notierte der Forschungsreisende Alexander Freiherr von Humboldt (1769–1859) offensichtlich tief bewegt nach seinem einwöchigen Aufenthalt auf der Kanareninsel 1799. Die Insel des ewigen Frühlings war die erste Station einer fünfjährigen Amerika-Forschungsreise, die er von La Coruña aus angetreten hatte. Vor ihm hatte kein Ausländer je von den Spaniern die Genehmigung erhalten, ihre Kolonien zu bereisen. Eine Expedition, die den jungen Mann weltberühmt machen sollte.

Auf Teneriffa bestieg er den Teide, den höchsten Gipfel Spaniens, um ihn neu zu vermessen. Seine Wanderung vom Orotavatal folgte dem einzigen damals bekannten Weg, einem Maultierpfad. Bestens ausgerüstet mit Magnetometer, Barometer, Hygrometer, Elektrometer, Aräometer, Mikroskop und anderen Instrumenten war der Bergbauexperte drei Tage unterwegs. So ganz nebenbei bestimmte er die endemischen Pflanzen der Insel, füllte sein Notizbuch mit Zeichnungen und übte ein bisschen für seine Gebirgsabenteuer in den Anden. Ein Abenteurer, ein Wissenschaftler, ein Genie. Jetzt sitzt Alexander von Humboldt – in Bronze gegossen – am Aussichtspunkt, der seinen Namen trägt, vor dem Feuerberg, der seinen bildschönen Kegel 3715 Meter hoch in den kanarischen Himmel schiebt.

TIPP

Ein weiteres Pilgerziel für Humboldt-Fans: das Haus, in dem er auf Teneriffa wohnte, das Hotel Marquesa.

Im Nachhinein erwies sich der Preuße als Trendsetter. Längst ist die größte Kanareninsel ein Dorado für Wanderer, und anders als zu Humboldts Zeiten gibt es unzählige markierte Wanderwege für Genusswanderer wie für ambitionierte Bergwanderer. Beim Blick auf die Landschaft hinter dem Denkmal für den vielleicht letzten Universalgelehrten der Welt muss man Humboldt Recht geben: Ist das Orotavatal auch nicht mehr Landschaft pur wie im 19. Jahrhundert, traumhaft schön ist die Gegend noch immer. Für Humboldt, den Weltenbummler, war es eine der schönsten Landschaften der Welt.

● Mirador de Humboldt, Carretera TF-21 s/n, 38300 La Orotava
Hotel Marquesa, Calle Quintana 11, 38400 Puerto de la Cruz Santa
● ÖPNV: ab Puerto de la Cruz Bus 390, Haltestelle La Luz, ca. 5 Min. Fußweg

Im Schlemmerparadies

2 Der Bauernmarkt in Tegueste

Kartoffeln, Karotten, Salat und Auberginen – Gemüse, das wir aus Mitteleuropa kennen, stapelt sich an den Ständen. Aber auch die berühmten Kanaren-Bananen, Avocados und Papaya, die im milden Klima der Insel gedeihen wie Unkraut. Auf den Wochenmärkten Teneriffas, den „Mercadillos del agricultor", verkaufen Kleinbauern oder Nebenerwerbsbauern aus der Region ihr Obst und Gemüse – lokal und saisonal, manchmal sogar aus Bio-Anbau. Frische, erstklassige Produkte, die für ihr Aussehen keine Goldmedaillen gewinnen würden, wohl aber für den Geschmack. Einheimische, Teilzeit-Tinerfeños und Urlauber, die in ihren Ferienwohnungen selbst kochen, stehen Schlange an ihren Lieblingsständen auf dem Open-Air-Markt in Tegueste, im Nordwesten Teneriffas. Neben den Früchten aus der Erde und von den Obstbäumen sind Ziegenkäse, Honig, Brot, Wein und andere kulinarische Spezialitäten im Angebot. Die Preise sind überaus fair, die Taschen schnell gefüllt. Dass der Einkauf auf dem kleinen Markt viel mehr Spaß macht als im Supermarkt, versteht sich von selbst. Gleichzeitig unterstützt man die einheimischen Bauern. Eine Win-win-Situation also.

TIPP
Wie wär's nach dem Einkauf mit einem Stadtbummel in La Laguna?

Nach der Eroberung Teneriffas durch die Spanier stand die Landwirtschaft auf der Insel im Fokus: Zuckerrohr, Wein und Bananen wechselten sich in der Bedeutung als Exportprodukte ab. Längst ist der Tourismus wichtigster Wirtschaftszweig, aber immer noch arbeiten rund 20 000 Menschen haupt- oder nebenberuflich im Obst- und Gemüseanbau.

Nach dem Einkauf lässt man sich im Marktcafé nieder, holt sich einen Café solo und ein süßes Teilchen, hält das Gesicht in die Sonne und schaut dem bunten Treiben zu. Ein traumhafter Einstieg ins Wochenende. Der Markt von Tegueste ist ein echter Lieblingsmarkt, Bauernmärkte findet man aber in vielen Ecken der Insel. In La Orotava beispielsweise, wo Kunsthandwerk das Angebot ergänzt. Aber auch in Tacoronte, El Médano, Guïmar oder Adeje bieten Bauern auf den Wochenendmärkten ihre Waren an.

- Bauernmarkt, Avenida Asuncionistas 6, 38280 Tegueste (Sa./So. 8–14 Uhr)
- ÖPNV: ab Santa Cruz Bus 105, Haltestelle El Palomar

Producto de las Islas Canarias
PRODUCTOS CANARIOS

Ein Traum in Weiß und Rosa

3 Mandelblüte bei Santiago del Teide

Ende Januar oder Anfang Februar verzaubern Mandelblüten als Vorboten des Frühlings vor allem die Gegend um Santiago del Teide im Nordwesten der Insel. In duftigem Zartrosa oder in Schneeweiß. Ein Naturspektakel zum Genießen. Süßmandeln, die zum Steinobst gehören, stammen aus Südwestasien, wo sie seit etwa 4000 Jahren kultiviert werden. Griechen und Römer machten sie im europäischen Mittelmeerraum heimisch, auf die Kanaren kamen sie im 15. Jahrhundert durch spanische Eroberer und gediehen im milden Inselklima von Anfang an prächtig. In der kanarischen Küche nahmen die nahrhaften Kerne schnell einen Stammplatz ein und bereichern seither vor allem Süßspeisen.

Der Anbau geriet mit dem wachsenden Tourismus im 20. Jahrhundert jedoch in eine Krise. Zu mühsam erschien die Ernte, zu gering der Gewinn. Denn wie eh und je werden die Früchte auf Teneriffa im Herbst mit Eukalyptusstäben von den Bäumen geschlagen, eingesammelt und die Kerne mühsam mit der Hand aus dem Kerngehäuse geschält. Kein Wunder, dass Teneriffa-Mandeln rar und teuer sind. Mehr Mandeln als irgendwo sonst auf der Welt werden nur in Kalifornien auf riesigen Plantagen kultiviert und maschinell geerntet, und die Marktführer bestimmen die Preise des Weltmarkts. So widmete man den einheimischen Mandelbäumen lange nicht die Aufmerksamkeit, die sie verdienen. Die Bauern machten sich oftmals gar nicht mehr die Mühe, die Kerne zu ernten, sodass die Bäume verwilderten. Und mancher Bäcker sah sich gezwungen, für seinen Mandelkuchen günstige Kerne aus Kalifornien zu verwenden. Der Tourismus sorgt seit Jahren aber für ein Revival der Mandelbäume, denn nicht wenige Besucher reisen eigens zur Mandelblüte an. Schließlich blühen die kanarischen Mandelblüten, was der geografischen Lage der Inseln geschuldet ist, als erste in Europa.

Die Gemeinde Santiago del Teide veranstaltet jedes Jahr ein Mandelblütenfest im Januar oder Februar, prämiert in einem Fotowettbewerb das beste Mandelblütenfoto und bietet geführte Wanderungen durch die Blütenpracht vor der Kulisse des Teide an.

TIPP

Für die geführten Wanderungen zur Mandelblüte am besten rechtzeitig anmelden. https://visitsantiagodelteide.com

- Mandelblüte, 38436 Santiago del Teide
- ÖPNV: ab Puerto de la Cruz Bus 325, ab Los Christianos Bus 460, ab Buenavista Bus 355, Haltestelle Consultorio

Über den Wolken

4 Am Gipfel des Teide

Wie mag sich Naturforscher Alexander von Humboldt gefühlt haben, als er 1799 nach fünftägiger Wanderung den Gipfel des Teide in 3715 Meter Höhe erreichte? Ein erhabenes Gefühl muss es gewesen sein, über der Inselwelt der Kanaren zu schweben. Auch für Bergwanderer ist es heute ein Moment der Vollkommenheit, auf der höchsten Spitze Spaniens und dem dritthöchsten aller Inselvulkane weltweit zu stehen. Auskosten, genießen! Der Pico del Teide, der sich in der Caldera des Teide-Nationalparks erhebt, ist zweifellos der Star der Insel. An wolkenfreien Tagen reckt er seine bildschöne Kuppe in den Himmel und lässt sich aus vielen Ecken der Insel sichten. Kein Wunder, dass mancher Urlauber vom Gipfelsturm träumt.

Fünf Tage wie Humboldt benötigt heute niemand mehr, in 5–6 Stunden laufen konditionsstarke Wanderer nach oben – wenn sie zuvor eine Genehmigung eingeholt haben. Der Zugang zum Gipfel ist nämlich beschränkt, damit es oben kein Gedrängel gibt. Wer sich nicht fit genug für die große Wanderung fühlt, hat eine Alternative: Die Seilbahn Teleférico bringt ab der Talstation in 2356 Metern Fahrgäste in nur acht Minuten bis zum alten Teide-Krater La Rambleta auf 3555 Meter Höhe. Kleines Wenn und Aber: Ist der Wind zu stark – und das ist er vor allem in den Wintermonaten oftmals – wird der Betrieb kurzerhand eingestellt. Ist es windstill, spart die Fahrt mit der Gondel gute 1000 Meter bis zur Bergstation. Von dort geht es auf einem gut ausgeschilderten Wanderweg zu Fuß weiter zum Gipfel – ebenfalls nur mit Erlaubnis. Zu beachten ist, dass die Luft hier oben deutlich dünner ist, die 160 Höhenmeter entsprechend schwerer fallen als im Flachland. Aber einen Fast-Viertausender ohne Bergsteigererfahrung erklimmen – wo sonst geht das? Wenn es mit der Genehmigung für den Gipfel nicht geklappt hat – kein Drama! Von der Bergstation erreicht man problemlos Aussichtspunkte, wo auch herrliche Blicke über weite Teile Teneriffas und bis zu den Nachbarinseln La Palma, Gran Canaria, El Hierro und La Gomera warten.

TIPP

Vor allem in der Hauptsaison sollte man auch die Gondelfahrt vorbuchen. www.volcanoteide.com/de/teide_seilbahn

- Teide-Nationalpark, Cañadas del Teide, 38300 La Orotava, Genehmigung für die Gipfelbesteigung: www.reservasparquesnacionales.es
- ÖPNV: ab Costa Adeje Bus 342, ab Puerto de la Cruz Bus 348, Haltestelle Teleférico del Teide

TENERIFE
Teleférico del Teide

Abtauchen

5 Die Playa de Montaña Amarilla

Staubtrocken statt saftig grün ist die Südküste Teneriffas, und der Name Costa del Silencio für den Ferienort bei Las Galletas klingt wie ein Scherz. Unablässig donnern Flugzeuge über die „Küste der Stille", denn der belebte Flughafen Teneriffa-Süd liegt ganz in der Nähe. Und doch gibt es hier einen besonderen Schatz: die Montaña Amarilla bei San Miguel de Abona, wo sich Gesteinsschichten wie Pfannkuchen in gelborangefarbenen Tönen übereinanderstapeln. Der „gelbe Berg" entstand, als das Zusammentreffen von heißer Gesteinsschmelze und Meerwasser eine vulkanische Explosion auslöste. Für den Feinschliff sorgten die Kräfte der Erosion. Wenn die Sonnenstrahlen den markanten Hügel kitzeln, entfaltet er seine ganze Farbkraft und wird zu einem magischen Platz, den man nicht zufällig zum Naturdenkmal erklärte.

TIPP
Tolle Blicke und kühle Drinks gibt es im Chiringuito Mana Nui direkt an der Montaña Amarilla.

Unter der Woche gibt es hier nur wenige Besucher, die vor allem Ruhe suchen – und finden. Manch einer kommt mit Yogamatte, um die Sonne zu grüßen oder zu verabschieden. Am Wochenende wird es voller. Dann ist auch der coole kleine Kiosk geöffnet, der zwischen Lavagestein einfache, aber leckere Gerichte anbietet und Drinks zum Sonnenuntergang. Der Strand vor der Montaña Amarilla ist steinig, nicht komfortabel zum Liegen, aber es gibt eine Plattform, auf der man sein Handtuch ausbreiten und auch über eine Leiter ins Meer steigen kann. Das Wasser ist so glasklar, dass es sich unbedingt lohnt, Schnorchel und Maske einzupacken und die Unterwasserwelt zu erkunden. Auch ein traumhafter Platz für Taucher natürlich. Im nahen Sporthafen von Las Galletas gibt es Tauchschulen und Tauchanbieter, die Ausflüge zur Montaña Amarilla anbieten, die auch unter Wasser spektakulär ist. Vulkanische Riffterrassen, Höhlen und Felshöcker kann man erkunden, zwischen denen sich Schwämme, Rochen, Muränen, Großaugenbarsche, Schlangenaale, Plattfische, Atlantische Engelhaie und viele andere Lebewesen verstecken.

- Playa de Montaña Amarilla, Calle Eneas 2, 38639 San Miguel de Abona
- ÖPNV: ab Los Christianos Bus 467, Haltestelle Jose Antonio Tavio, kurzer Fußweg

Auf Zeitreise

6 Die Casa de los Balcones in La Orotava

Steil und eng sind die Straßen, die jeden Autofahrer herausfordern. Kein Wunder, La Orotava, oberhalb von Puerto de la Cruz gelegen und viel älter als der Badeort, wurde nicht für Autos gebaut. Nachdem die Spanier Ende des 15. Jahrhunderts auf Teneriffa gelandet waren, siedelten sie sich bevorzugt im Orotavatal an. 1504 gilt als Gründungsjahr von La Orotava. Von Nuestra Señora de la Concepción, der Hauptkirche der Stadt, spaziert man immer hangaufwärts durch die Calle San Francisco in die denkmalgeschützte Altstadt. Dort lädt die Casa de los Balcones, das Haus der Balkone, zu einer kleinen Zeitreise ins 17. Jahrhundert ein.

Das prächtige Bürgerhaus, 1632 erbaut und von mehreren Familien im Laufe der Zeit bewohnt, ist heute ein Museum. Außen schlicht – abgesehen von einer Balkonreihe im obersten Stockwerk –, aber von innen ein Prachtstück. Beim Besuch taucht man unweigerlich in die Welt der Kolonialzeit ein. An heißen Sommertagen werden die einstigen Bewohner im kühlen Patio, dem Innenhof, vielleicht bei einer eisgekühlten Limonade gesessen haben – zwischen Kübeln mit Grünpflanzen und einem sanft plätschernden Brunnen. Und beim Rundumblick versteht man den Namen des Hauses: Zwei Stockwerke mit kunstvoll geschnitzten Balkonen aus kanarischem Kiefernholz ziehen sich rund um den Hof. Hier waren die Handwerker der Insel in Bestform. Steigt man in den ersten Stock hinauf, fühlt man sich wie zu Gast in der feinen Gesellschaft des 17. und 18. Jahrhunderts. Beeindruckend die Küche mit offenem Herd und Backofen. Wie viele Bedienstete hier wohl gewerkelt haben und sich am warmen Ofen an kalten Wintertagen gewärmt haben? Kupfertöpfe und Geschirr sind einsatzbereit. Was hier gebrutzelt und gerührt wurde, wanderte ins Speisezimmer – eingedeckt mit feinem Porzellan für die feinen Herrschaften und ihre Gäste. Ein Klavier wartet im Salon darauf, gespielt zu werden, und alte Stiche und Fotos erzählen Inselgeschichte. Ein wunderbarer Ausflug in eine längst vergangene Zeit.

TIPP

Ebenfalls ein Schmuckstück: die Casa Lercaro mit Shop und Restaurant.

● Casa de los Balcones, Calle San Francisco 3, 38300 La Orotava
www.casa-balcones.com
Casa Lercaro, Calle del Colegio 7, 38300 La Orotava, www.casalercaro.com
● ÖPNV: ab Puerto de la Cruz Bus 351, Haltestelle La Orotava (3 Minuten Fußweg)

Bildungstempel

7 Iglesia y Antiguo Convento de San Agustín

Am Ende der Calle San Agustín liegt ein bemerkenswertes Gebäude mit langer Geschichte. Gegründet als Kloster Anfang des 16. Jahrhunderts von Augustinermönchen, wurde es schon bald ein Ort der Lehre. Junge Männer aus angesehenen Familien konnten hier Latein und Grammatik lernen. So war es nicht verwunderlich, dass an diesem Ort 200 Jahre später die erste Universität der Kanaren eröffnete. Waren die Institute auch über die Stadt verstreut, das Kloster fungierte als Hauptgebäude. Mitte des 19. Jahrhunderts zog die Universität aus und wurde von der ersten Sekundarschule der Kanaren abgelöst, in der viele Geistesgrößen der Inseln ihre Ausbildung erhielten.

Heute ist das Gebäude vor allem ein Museum (Instituto Cabrera Pinto) mit wechselnden Ausstellungen kanarischer Künstler. Der Eintritt ist frei, und der Besuch lohnt unbedingt – nicht zuletzt überrascht gut versteckt der ehemalige Kreuzgang im Renaissancestil, der einen prächtigen Innenhof umgibt. Von diesen gibt es viele in den historischen Häusern der Stadt, aber der von San Agustín ist etwas Besonderes – allein wegen der Blütenpracht auch in den Wintermonaten. Gar nicht so selbstverständlich in einer Stadt, die zu den kühlen und windigen Flecken der Insel zählt. Meterhoch rankt sich der Philodendron um Palmen, die wie Bleistifte in die Höhe ragen. Kamelien blühen schon im Februar in verschwenderischer Fülle, Orangen und Zitronen baumeln von den Bäumen. Ein Glücksmoment für jeden Botanikfan! Durch einen Gitterzaun kann man einen Blick in die ehemalige Klosterkirche werfen, die 1964 lichterloh brannte. Nur die Wände blieben stehen. Aus Kostengründen wurde die Kirche nie restauriert. So hat sich ein Dschungel in den nun dachlosen ehemaligen Kirchenschiffen ausgebreitet. Mittendrin steht verloren eine kleine Marienstatue. Ein „Lost Place" voller Zauber. Es gibt inzwischen allerdings Pläne, die Ruine zu restaurieren und ihr als Veranstaltungsort eine Zukunft zu schenken.

TIPP

Kostenlose Stadtführungen (auch auf Englisch und Deutsch) bietet die Stadtverwaltung an.

- Museum des IES Canarias Cabrera Pinto, Calle San Agustín 48, 38201 La Laguna, Tel. +34 (9 22) 25 07 42/43, www.museocabrerapinto.es
- ÖPNV: ab Puerto de la Cruz Bus 103, Haltestelle El Risco

NAZCO
Retrospectiva
(1961-2021)
INSTITUTO
DE
CANARIAS

Starke Männer

8 Guanchendenkmäler in Candelaria

Mit dem Rücken zum Meer, stolz und schön, erheben sich überlebensgroß und in Bronze gegossen neun Guanchenherrscher (Menceys) am Rande des Hauptplatzes von Candelaria. Vor der Basilika, in der die Schutzheilige der Kanarischen Inseln wohnt. Seit 1993 erinnern die Bronzestandbilder des einheimischen Künstlers José Abad an die Ureinwohner Teneriffas, die vor der Ankunft der Spanier vor allem als Bauern unter der Herrschaft von Mencey Tinerfe lebten. Nach dessen Tod, erzählt man sich, teilten seine neun Söhne die Insel unter sich auf und zerstritten sich. Sicher ein Grund, warum die spanischen Eroberer leichtes Spiel hatten, als sie auf den Kanaren landeten. Ein Teil der Urbevölkerung wurde getötet, der Rest eingegliedert und seiner Kultur beraubt. Nachträglich gab man ihnen eine Rolle in der Legende um die Inselheilige Candelaria. Angeblich wurde die Figur der Jungfrau noch vor der Ankunft der Spanier an den Strand gespült. Die Guanchen erfuhren die Wunderkraft der Madonna am eigenen Leib, gaben ihr einen Ehrenplatz in einer Höhle und verehrten sie fortan als Chaxiraxi, Mutter der Sonne.

Die katholische Kirche erklärte die Figur später als Jungfrau von Candelaria zur Schutzheiligen der Kanarischen Inseln. Lange Zeit verehrte man sie in einer Höhle, zu der Gläubige pilgerten und 1497 eine Massentaufe der Guanchen stattfand. 1672 baute man der Heiligen endlich eine Kirche, doch das Schicksal meinte es nicht gut mit ihr. Ein Feuer zerstörte die ganze Pracht, und letztlich musste die Jungfrau bis nach dem Zweiten Weltkrieg warten, bis sie ein neues Zuhause bekam. Populär ist sie wie eh und je: Jahr für Jahr pilgern tausende Menschen am 2. Februar und 15. August zur Basílica de Nuestra Señora de Candelaria. So vereinen sich auf dem Platz die alte Welt der Guanchen und die Welt der katholischen Spanier. In der Abenddämmerung ist die Strahlkraft der Guanchenfürsten besonders groß, dann sind sie für viele Besucher ein beliebter Fotospot.

TIPP

Gute mediterrane Küche an der Strandpromenade gibt's bei Mar y Magma.

- Basílica de Nuestra Señora de Candelaria, Plaza de la Patrona de Canarias 1, 38509 Candelaria
- ÖPNV: ab Santa Cruz Bus 120, Haltestelle Batayola

Stilvolles Entrée

9 Die Plaza de España in Santa Cruz

Endlos scheint sich der Hafen, der (noch) keinen Schönheitspreis gewinnt, an der Küste der Inselhauptstadt entlangzuziehen. Über den Platz dahinter, die Plaza de España, wälzte sich bis 2006 der Verkehr, und im Zentrum stand ein Monument der Franco-Zeit für die Gefallenen des Bürgerkriegs. Ebenfalls keine Augenweide. Ein würdiges Entrée zur Innenstadt und eine Verbindung von Stadt und Meer zu schaffen, war die Aufgabe, mit der man das Schweizer Architekturbüro Herzog & de Meuron betraute. Müsste man eine Schulnote für das Ergebnis vergeben, wäre es eine glatte Eins: Aus einer Bausünde wurde ein Ort der Begegnung. Ein künstlicher See, gefüllt mit Meerwasser, schimmert nun im Zentrum des Platzes türkisgrün im Sonnenlicht. Unter der Wasserfläche liegt ein Stück Stadtgeschichte, zu dem man hinabsteigen kann: Ruinen einer Festung, die die Stadt vor Piratenangriffen schützen sollte. Hier wehrte man 1797 einen Angriff der britischen Marine unter Lord Nelson ab, der bei der Schlacht einen Arm verlor. Rings um das Bassin liegen neben dem Bürgerkriegsdenkmal weitere monumentale Bauwerke. Am Uhrturm erkennt man den Palacio Insular, Sitz der Inselregierung, im Stil der 1930er-Jahre. Daneben die imposante Hauptpost.

TIPP

Im Untergrund liegen die Ruinen der Festung Castillo de San Cristóbal (Mo–Sa 10–18 Uhr).

Längst ist die Plaza ein beliebter Treffpunkt, um zum Bummel durch die Fußgängerzone zu starten, einen Kaffee zu trinken oder ins Nachtleben abzutauchen. Manchmal kommen Einheimische wie Besucher auch nur, um für ein paar Momente innezuhalten – auf einer der Bänke oder auf dem Rand des Pools. Das Gesicht in die Sonne halten, ins Anaga-Gebirge, das sich hinter der Hauptstadt auftürmt, oder auf die Tanker im Hafen blicken. Was braucht man mehr zum Glück? Und jeder freut sich, wenn zur vollen Stunde im Becken eine Wasserfontäne wie ein Geysir in die Höhe schießt. Ihren großen Auftritt aber hat die Plaza España nach Einbruch der Dunkelheit, wenn die beleuchteten Gebäude ringsum und 500 Lichter, die in den mächtigen Bäumen hängen, für reichlich Romantikflair sorgen.

- Plaza de España, 38004 Santa Cruz
- ÖPNV: ab Puerto de la Cruz Bus 103, Haltestelle Meridiano

Wo alles begann

10 Der Hafen von Puerto de la Cruz

Rund um den Hafen entstand im 15. Jahrhundert eine Siedlung, die damals noch Puerto de La Orotava („Hafen von La Orotava") hieß und tatsächlich der Hafen der am Hang gelegenen Stadt Orotava war, die heute viel kleiner ist als Puerto de la Cruz. Hier wurden Wein und Bananen verschifft, und bald sicherte eine Festung den Hafen, der man heute aufs Dach steigen kann. Oben erinnert eine blitzende Kanone, die mit ihren fein ziselierten Mustern eher an ein Schmuckstück als eine Massenvernichtungswaffe erinnert, an die einstige Funktion des Gebäudes. Heute bietet die Festung vor allem einen Logenblick auf den Hafen. Auch wenn Puerto de la Cruz, erst seit 1808 eigenständige Stadt, heute im Zeichen des Tourismus steht – dort gibt es immer noch viel einheimisches Leben.

TIPP

Frischen Fisch gibt's im Restaurant der ortsansässigen Fischereigenossenschaft, der Cofradia de Pescadores.

Der linke Bereich des Hafens gehört den Fischern, die mit den blauen Kränen ihre Boote ins Wasser und zurück an Land hieven. Am besten kommt man einmal morgens vorbei, wenn die Fischerboote in den Hafen zurückkehren und den frischen Fisch an Ort und Stelle verkaufen. Neben der bronzenen Fischersfrau, die ihre Ware lautstark anzupreisen scheint – eine Hommage an Generationen von Fischerfamilien. Auf der Mauer vor der Bar Fregatta hocken gern Senioren und tauschen die Neuigkeiten des Tages aus, am Abend haben Jugendliche hier ihren Treffpunkt. Wenn die Fischer ihre Arbeit getan haben, stellt ein Kiosk seine roten Plastikstühle auf und bietet einfache Gerichte an.

Der Hafen ist aber auch ein Ort für Feste. Das größte ist die Embarcación („Einschiffung") de la Virgen del Carmen, der Patronin der Fischer. Jedes Jahr am Dienstag vor dem 16. Juli wird die Figur der Heiligen durch die Straßen von Puerto de la Cruz bis zum Hafen getragen und unter dem Jubel der Bevölkerung auf ein Fischerboot verladen, das sie nach Punta Brava bringt. Im November, zum Fest des hl. Andreas, bauen die Bodegas der Umgebung hier ihre Stände auf, und Einheimische wie Besucher sind eingeladen, die jungen Weine zu probieren.

- La Cofradia de Pescadores, Calle Las Lonjas 5, 38400 Puerto de la Cruz
  www.lacofradiadepescadores.es
- ÖPNV: Stadtbus 103, Haltestelle Plaza del Charco (2 Minuten Fußweg)

Kalise

Ein bunter Vogel

11

Die Küste von Los Silos

Die Wellen schwappen an die Küste vor Los Silos, wo gleich mehrere Attraktionen die Fantasie beflügeln und in die Industriegeschichte Teneriffas entführen. Der stille Ort hinter der Küste liegt im Nordwesten Teneriffas zwischen Buenavista del Norte und Garachico – weit von den Touristenhochburgen entfernt. Ein ungeschliffener Diamant, der mehr Aufmerksamkeit verdient hat, als er bekommt. Staunend steht man an der lavaschwarzen Küste vor dem vollständig erhaltenen Skelett eines 20 Meter langen Wals auf Stahlpfosten. Das verendete Tier strandete 2005 an der Küste Gran Canarias, und 2008 fand es hier einen Platz – als Denkmal für die Giganten des Meeres, die sich in den Gewässern der Kanaren tummeln. Es mahnt, die Tiere und ihren Lebensraum zu schützen.

TIPP

Die hübsche Altstadt von Los Silos besuchen mit der Iglesia de Nuestra Señora de La Luz und der Plaza de la Luz.

Gleich hinter dem Walskelett lockt ein Meerwasserpool, der Charco Los Chochos, zum Baden. Läuft man ein Stück an der Küste entlang, grüßt ein kunterbunter Vogel. Eine Skulptur aus Altplastik, die der portugiesische Künstler Artur Bordalo 2019 schuf. Seine Arbeiten machen auf Umweltprobleme aufmerksam, und der kanarische Müllvogel – aus der Ferne wunderschön – veranschaulicht, was so alles im Meer schwimmt. Und das ist erschreckend. Ein Relikt der Industriegeschichte der Insel sind verlassene Kalköfen gleich neben dem Meeresvogel. Durch das Baumaterial aus Fuerteventura erlebte die Bauindustrie auf der Insel ab dem späten 19. Jahrhundert einen Kick. In der Ferne reckt eine alte Zuckerrohrfabrik, die 1890 eröffnete, ihren Schornstein in den kanarischen Himmel. Sie erinnert an das erste wichtige Exportprodukt Teneriffas, das vielen Bewohnern der Insel Arbeit gab. Heute werden hier Bananen verpackt. Neben der alten Fabrik steht ein unscheinbares Häuschen, das Kommunikationsgeschichte schrieb. Ende des 19. Jahrhunderts führte von hier das erste Telegrafenkabel von Teneriffa nach La Palma. Aufregend muss es gewesen sein, die erste Nachricht zu verschicken, die ihre Empfänger auf der Nachbarinsel tatsächlich erreichte!

- Küste von Los Silos
- ÖPNV: ab Puerto de la Cruz Bus 363, Haltestelle Charco de los Chochos

Märchenhaft

12 Der Lorbeerwald im Anaga-Gebirge

Knorrige Äste, überwuchert von Flechtenbärten, bilden grüne Tunnel, Farne und Moose säumen die Wege. Im immergrünen Lorbeerwald am Cruz del Carmen tauchen Besucher in einen Märchenwald ein, der Kulisse für einen Fantasy-Film sein könnte. Oft genug wabern hier im Anaga-Gebirge die Nebel und der Wind pfeift kalt. Kein Wunder, dass es in alten Legenden ein Treffpunkt der Hexen ist.

Eine Regenjacke gehört bei Ausflügen in die Region immer in den Rucksack. Anders als im trockenen Süden und Westen der Insel sorgen Passatwinde für Feuchtigkeit und ein kräftiger Schauer ist keine Seltenheit. Die andere Seite der Medaille: Das feuchte Klima lässt eine faszinierende Pflanzenwelt in verschwenderischem Grün sprießen. Und wenn sich die Nebel lichten, hat man freien Blick auf bizarre Felsformationen vor der Kulisse des Atlantiks, tiefe Schluchten und Dörfer, die am Hang kleben. Ein besonderer Naturschatz der Region aber ist der Lorbeerwald (Laurisilva), der vor 20 Millionen Jahren weite Teile Nordafrikas und des südlichen Europas bedeckte. Heute ist er fast verschwunden, aber im Anaga-Gebirge kann man dieses Relikt aus prähistorischen Zeiten noch durchwandern. Was für ein Glück!

TIPP

Das Informationszentrum am Cruz del Carmen bietet Hintergrundwissen zum Lebensraum Lorbeerwald.

Zur typischen Vegetation gehören vor allem der namengebende Kanaren-Lorbeer, aber auch der Portugiesische Kirschlorbeer und die Baumheide. Für einen Farbakzent sorgt im Frühjahr die orangerot blühende Kanaren-Glockenblume, die bis zu drei Meter in die Höhe klettert. Aber auch eine faszinierende Tierwelt ist im Lorbeerwald zu Hause: Neben Vogelarten wie der endemischen Lorbeertaube fühlen sich auch Fledermäuse und zahlreiche Schmetterlingsarten wohl.

Den einfachsten Zugang zur mystischen Waldregion bietet der Aussichtspunkt Mirador Cruz del Carmen, von dem man an klaren Tagen einen tollen Blick auf Teneriffas alte Hauptstadt San Cristobal de La Laguna hat. Nebenan startet der „Weg der Sinne" mit drei Wanderrouten unterschiedlicher Schwierigkeitsgrade. Unterwegs laden interaktive Stationen zum Schauen, Schnuppern und Tasten ein.

- Mirador Cruz del Carmen, 38294 San Cristóbal de La Laguna
- ÖPNV: ab Puerto de la Cruz Bus 103 und 76, Haltestelle Madre del Agua (20 Minuten Fußweg)

Frisch aus dem Meer

13

Das Fischerdorf San Miguel de Tajao

Fragt man Einheimische nach ihren Geheimtipps zum Fischessen, wird ziemlich bald der Name San Miguel de Tajao fallen. Der kleine Fischerort an der Südostküste Teneriffas zwischen El Médano und Güímar schlummert unter der Woche tagsüber vor sich hin. Doch wenn die Fischlokale abends und am Wochenende auch mittags öffnen, erwacht er zum Leben. Dann strömen die Tinerfeños aus allen Inselecken und sind hier noch fast unter sich. Urlauber wünschen sich zum Fischessen meist ein Postkartenflair, das San Miguel de Tajao nicht zu bieten hat. Keine alten Mauern, sondern funktionale Häuser. Keine Fischernetze an den Wänden, sondern sachliches Ambiente. Die meisten Lokale haben nicht einmal Meerblick. Wer das verschmerzen kann, reiht sich in die Schlangen mit munter schwatzenden Einheimischen vor den Lokalen ein, wird ein bisschen Geduld aufbringen müssen, aber möglicherweise nette Bekanntschaften schließen. Irgendwann hat das Warten ein Ende, und die Gäste dürfen die Fischtheke stürmen, schwärmen und schwelgen. Cherne (Silberfisch) oder lieber Corvina (Adlerfisch)? Gebraten oder vom Grill? Und als Vorspeise Muscheln oder Boquerones (Sardinen)? Dazu ein frischer Weißwein und danach eine Süßigkeit des Hauses. Köstlich!

TIPP
Ein Klassiker unter den Fischlokalen des Ortes: Delicias del Mar.

Vor oder nach dem Essen dann unbedingt zum Hafen hinunterspazieren, wo die Fischkutter schaukeln, die dafür sorgen, dass der Nachschub für die Restaurantküchen nicht ausbleibt. Je nachdem, wo auf der Insel man sein Lager aufgeschlagen hat, ist die Anreise lang. Aber man kann das Fischessen mit einem Sprung ins Wasser verbinden – am kleinen Naturstrand Playa de Tajao zum Beispiel. Ein bizarr geformter Felsen, der wie eine riesige Sanddüne aussieht, trennt den Strand vom Hafen. Hier waren Wind und Wellen am Werk. Genauso wie am Arco de Tajao, einem Felsbogen, der sich wie von Zauberhand inmitten der Küstenlandschaft aufspannt und tolle Fotomotive bietet. Ihn erreicht man auf einer kurzen Wanderung in nördlicher Richtung.

- San Miguel de Tajao
- ÖPNV: ab Costa Adeje Bus 111, Haltestelle Playa Tajao

Ziegenkäse und Einsamkeit

14 Teno Alto

Von den Ferienzentren des Südens scheint Teno Alto eine Weltreise entfernt. Das Dorf, in dem kaum 100 Menschen leben, liegt 780 Meter hoch auf einem Plateau des Teno-Gebirges. Ein weltentrückter Platz mit oft rauen Winden, aber herrlichen Blicken, einer Vielzahl an Wandertouren und uriger Einkehr. Perfekt, um den Alltag weit hinter sich zu lassen. Von Buenavista del Norte und El Palmar schraubt sich eine enge Straße hinauf in die Berge – mit immer wieder spektakulären Blicken. Über die Gebirgsfalten des Teno-Gebirges blickt man auf die im Winter oft schneebedeckte Kuppe des Teide. Vor 50 Jahren noch kam man nur mit dem Maulesel oder zu Fuß hierher aufs Hochplateau. Teno Alto ist immer noch ein schlichtes Bauerndorf mit traditionellen Häusern aus rötlichem Stein, einem Dorfplatz mit schlichter Kirche, einer Dorfkneipe und wenigen kleinen Läden. Ab und zu treibt wie in alten Zeiten ein Ziegenhirte seine Herde durchs Dorf, und die Spezialität des Dorfes ist schnell auszumachen: „Se vende queso" (Käse zum Verkauf) steht an manchem Haus. Die meisten Besucher, die ihren Weg nach Teno Alto gefunden haben, zieht es in die urige Dorfschenke, die Bar Los Bailadros, die rustikale Gemütlichkeit ausstrahlt. Hier sitzen Einheimische neben Urlaubern und lassen sich die Spezialitäten von der Ziege auf der Zunge zergehen: Carne de Cabra (Ziegenfleisch), der typische Queso blanco (Frischkäse) und gegrillter Ziegenkäse mit Palmhonig sind die Spezialitäten. Und zum süßen Finale Käsekuchen. Gestärkt kann man auf einer kleinen Wanderung die Gegend erkunden und ein wildes, einsames Stück Teneriffa durchstreifen – eine archaische Landschaft mit Terrassenfeldern und Bruchsteinmauern, in mühsamer Arbeit angelegt, und dem ein oder anderen Haus aus Naturstein am Wegesrand. Ein paar gackernde Hühner, in der Ferne das Gebimmel einer Ziegenherde – der Rest ist Stille. Der Höhepunkt zum Finale ist der Blick aufs Meer mit der Costa Adeje zu einer Seite und dem Leuchtturm Punta de Teno zur anderen. Die Nachbarinsel La Gomera liegt zum Greifen nah.

● Teno Alto

Eiszeit

15 Die Eisdiele El Abuelo in Garachico

An lauen Sommerabenden oder am Sonntagnachmittag reicht die Schlange vor der Eisdiele El Abuelo in Garachico bis auf die Straße. Kein Wunder, denn für viele ist das Eis hier das beste der Insel. Eine herrliche Erfrischung! Die meisten Gäste sind Einheimische, die ihre Lieblingssorten ordern. Die Newcomer sind erstmal überfordert, denn sie haben die Qual der Wahl zwischen unzähligen Sorten, die alle verlockend aussehen. Lieber ein Fruchtsorbet mit Papaya-Geschmack oder eine sahnige Kugel Crema Catalana? Ein Fehlgriff ist unwahrscheinlich, denn alles ist köstlich.

Mit dem Eis in der Hand kann man dann am Wasser entlangflanieren und ein bisschen in die Geschichte des Ortes eintauchen. Der Blick fällt unweigerlich auf die kleine vorgelagerte Insel Roque de Garachico, die als Fels in der Brandung quasi aus dem Meer ragt. Sie entstand beim verheerenden Vulkanausbruch im Jahre 1706, als Lavamassen den größten Teil von Garachico unter sich begruben. Danach war nichts mehr wie zuvor. Der Roque ist seit 1987 Naturdenkmal, denn in den Spalten der zerklüfteten Felswände nisten Seevögel. Die Kanaren lagen einst verkehrsgünstig auf der Handelsroute zwischen Europa und Amerika, und vor der Naturkatastrophe war Garachico die wichtigste Hafenstadt der Insel und Umschlagplatz für die wichtigsten Handelsgüter der Zeit – Zuckerrohr und Wein. Wo ein alter Kran zu sehen ist und heute das Tourismusbüro liegt, stapelten sich an der Hafenmole die Waren. Man braucht ein bisschen Fantasie, um sich vorzustellen, wie es damals hier aussah. Der Lavastrom, der sich nach dem Ausbruch des Montaña de Trevejo ergoss, bedeutete das Ende der goldenen Ära für die Hafenstadt, die nun ihres Hafens beraubt war. Die heutige Küstenzone ist wie die Felsinsel Ergebnis des Vulkanausbruchs, die Lavamassen schufen nämlich auch Neuland, unter anderem die Naturpools El Caletón – ausgebaut zu einer tollen Badelandschaft, die den fehlenden Strand ersetzt. Hier räkeln sich die Sonnenanbeter auf den warmen Felsen und springen zur Abkühlung ins Wasser.

TIPP

Interessant für Naturliebhaber: das Museo Naturales in der ehemaligen Festung Castillo de San Miguel.

- Heladeria El Abuelo, Avenida República de Venezuela 29, 38460 Garachico
- ÖPNV: ab Buenavista del Norte oder Puerto de la Cruz Bus 363, Haltestelle Garachico

Heladeria
29
El Abuelo
deria El Abuelo

Rätselhaft

16 Die Pyramiden von Güímar

Thor Heyerdahl – Forschungsreisender, Archäologe, Anthropologe, Ethnologe – ein Abenteurer wie aus dem Bilderbuch. Seine Expedition mit dem Balsaholzfloß Kon-Tiki über den Pazifik hielt 1947 die Welt in Atem und bewies: Die präkolumbianischen Bewohner Südamerikas hatten das Know-how, mit ihren einfachen Booten nach Polynesien zu segeln. Heyerdahls Reise beflügelte die Fantasie und machte den Forscher auf einen Schlag weltberühmt. Viele Expeditionen sollten folgen. Doch wer weiß schon, dass der Norweger einige Jahre seines Lebens auf Teneriffa verbrachte? 1990 startete der Forscher ein internationales archäologisches Projekt, um die Stufenpyramiden von Güímar auszugraben. Sechs rechteckige Bauwerke in Pyramidenform, die lange im Boden Teneriffas verborgen waren, hatten sein Interesse geweckt. Sie ließen ihn an Ägypten und Mexiko denken und sollten seine Theorie vom Austausch der Kulturen zwischen den Kontinenten – lange vor den Entdeckungsfahrten der Europäer – untermauern. Oder waren doch eher die Guanchen, Teneriffas Ureinwohner, die Erbauer? Dafür sprach eine zugemauerte Lavahöhle, die Funde aus der Guanchenzeit enthielt. Welche Enttäuschung, als Grabungen der Universität La Laguna bestätigten, dass die Pyramiden aus dem 19. Jahrhundert stammen. Eine Erkenntnis, die Heyerdahl bis zu seinem Tod nicht wahrhaben wollte. Und sicher möchten viele Besucher des archäologischen Parks von Güímar lieber den romantischen Theorien Thor Heyerdahls glauben. Doch auch wenn die exakt auf die Winter- und Sommersonnenwende ausgerichteten Pyramiden jünger sind als ursprünglich vermutet – ein Rätsel bleibt: Wer baute sie und zu welchem Zweck? Die Ausstellung im Museum stellt mehrere Theorien nebeneinander. Danach kann sich jeder mit vielen Ideen im Kopf auf den Weg um die Pyramiden machen. Letztlich sind die geheimnisvollen Bauwerke vor der majestätischen Kulisse des Teide, die von gleich mehreren botanischen Gärten umringt sind, einfach ein wunderbarer Ort, an dem sich Natur und Kultur aufs Schönste vereinen.

TIPP

Ein toller Spazierweg führt durchs nahe Malpaís de Güímar, ein Lavafeld mit Tunneln, Toren und Buchten.

- Pirámides de Güímar, Calle Chacona s/n, 38500 Güímar www.piramidesdeguimar.es
- ÖPNV: ab Santa Cruz Bus 120, 121, Haltestelle Pirámides de Güímar

Weinselig

17 Die Casa de los Vinos in El Sauzal

Der aus Sevilla stammende Simón Herrera Leyvada machte auf Teneriffa im 17. Jahrhundert gute Geschäfte mit den Kolonien in der Neuen Welt. In El Sauzal ließ er sich mit der Hacienda San Simón ein wahrhaft feudales Anwesen zum Keltern des Weins der Region bauen. 1992 rettete die Inselregierung das Gut vor dem Verfall, restaurierte es aufwändig und machte daraus ein Haus des Weines (Casa de los Vinos). Ein einzigartiges architektonisches Ensemble, in dem sich (wieder) alles um den Inselwein dreht.

Die Bedingungen für den Weinanbau sind auf Teneriffa ideal: Auf vulkanischem Boden und im milden Klima mit vielen Sonnenstunden reifen die Trauben bestens. Die dominierenden Reben sind heute Listan negro und Listan blanco. Der Weinanbau begann einst jedoch mit der Malvasia-Traube, die man Ende des 15. Jahrhunderts einführte und zu Süßwein ausbaute, der den Geschmack der Epoche traf. Wein aus Teneriffa wurde zum Exportprodukt, und sogar Shakespeare erwähnte den süffigen Inselwein in einem seiner Dramen. Die kanarischen Reben überlebten die Reblausplage, die vor über 500 Jahren fast ganz Europa heimsuchte und für viele Reben das Aus bedeutete. Doch der Geschmack wandelte sich. Heute dominieren auch auf Teneriffa vor allem trockene Weine. Das Weinmuseum der Casa de los Vinos informiert über den Weinanbau – über Klima, Bodenbeschaffenheit, die besondere Art des Anbaus, die Kultivierung der Reben und die Bedeutung des Inselweins heute. Im Weinberggarten kann man den Trauben beim Wachsen zusehen. Weine aus allen fünf Herkunftsgebieten der Insel stehen anschließend in der Probierstube zur Verkostung bereit – begleitet von anderen typischen Produkten Teneriffas wie Käse, Honig und Trockenfrüchten. Und natürlich kann man die Köstlichkeiten, wenn es geschmeckt hat, im Shop nebenan auch erwerben. Ob Rotwein, Weißwein oder Rosé, Schaum- oder Dessertwein – 300 verschiedene Weine lagern in den Regalen. Ein Fest für jeden Weinliebhaber.

TIPP

Im angegliederten Restaurant serviert man feine Regionalküche mit besonderem Kick und passender Weinbegleitung.

- Casa de los Vinos, Calle San Simón, 38360 El Sauzal, www.casadelvinotenerife.com
- ÖPNV: ab La Laguna bzw. Puerto de la Cruz Bus 101, 104, Haltestelle Las Mejías

Zauberwelt der Puppen

18

Artlandya in Icod de los Vinos

Mit großen Augen schauen sie die Besucher an, lächeln sanft, grinsen frech oder zwinkern ihnen zu. Die Künstlerpuppen von Artlandya versprühen einen einzigartigen Charme, dem auch Besucher, die mit Puppen bisher wenig am Hut hatten, erliegen. Das einzige Museum für zeitgenössische Puppenkunst in Europa liegt ein bisschen versteckt in Santa Barbara, einem ruhigen Ortsteil von Icod de los Vinos, auf einer mit viel Liebe ausgebauten Finca. Die besondere kleine Sammlung schufen Ingrid und Georg Taupe, zwei Österreicher auf Teneriffa, die ihr in Kärnten gegründetes Museum 2012 auf die Kanareninsel umsiedelten und damit einen Raum für die Kunst und eine Wohlfühloase schufen. Mehr als 600 Künstlerpuppen von über 50 international bekannten Künstlern und Künstlerinnen aus unterschiedlichen Materialien wie Porzellan, Papiermaché, Vinyl, Wachs, Cernit, Keramik, Stoff oder Filz haben die Taupes zusammengetragen und präsentieren sie stimmungsvoll in den Ausstellungshäusern der Finca. Hinzu kommt eine Sammlung von Teddybären aus den Ateliers bekannter Bärenmacher. Mit glückseligem Lächeln spazieren Besucher durch den tropischen Garten von Haus zu Haus, vorbei an plätschernden Brunnen und lassen sich verzaubern.

TIPP

Im angegliederten Shop kann man geschmackvolle Geschenke und Mitbringsel erstehen.

Ein letzter Höhepunkt ist der Besuch im Puppenatelier, wo Georg Taupe den Weg zur fertigen Puppe erklärt. Köpfe, Gliedmaßen, Kleidung und Haare sind fast immer ein Gesamtkunstwerk aus einer Hand. Unzählige Arbeitsschritte sind nötig, um den Puppen Leben einzuhauchen. Nur die Augen, die eine spezielle Glasbläsertechnik erfordern, werden in der Regel zugekauft. Neuerdings gibt es in Artlandya auch ein Glasatelier, in dem Glaskunst in Form von Bildern, Spiegeln, Schalen oder Schüsseln entsteht. Hier finden auch Workshops zur Herstellung von Perlen aus Murano-Glas statt – ein Urlaubsvergnügen der kreativen Art. Zum Abschluss sollte Zeit bleiben für Kaffee und Kuchen oder Tapas und ein Glas Wein auf der Terrasse des Museumscafés – mit Blick auf den Teide und auf den Atlantik.

- Artlandya, Santa Bárbara, Camino el Moleiro 21, 38430 Icod de los Vinos
www.artlandya.com
- ÖPNV: ab Buenavista del Norte oder Puerto de la Cruz Bus 363, Haltestelle Príncipe De España, weiter mit dem Taxi

Architekturperle

19 Das TEA in Santa Cruz

In dieser Bibliothek würde das Arbeiten Spaß machen – das denkt wohl jeder Passant, der durch die Glaswand einen Blick in die Stadtbibliothek wirft. 200 bestens und geschmackvoll mit tropfenförmigen Lampen ausgeleuchtete Arbeitsplätze stehen rund um die Uhr zur Verfügung. Wer beim Arbeiten lieber lässig mit dem Laptop auf dem Sofa lümmelt, wird genauso glücklich. Wer da keine Erleuchtung hat! Die Bibliothek ist aber nur ein Teil des Kultur- und Kunstzentrums TEA (Tenerife Espacio de las Artes), das mehrere Ausstellungräume, Kino- und Vortragssäle sowie ein Zentrum für Fotografie auf drei Etagen bietet. Künstler wie Dalí, Picasso, Penrose, Patti Smith oder Tàpies wurden hier schon in Ausstellungen gefeiert. Neben etablierter Kunst finden auch junge Künstler ein Podium, und Veranstaltungen für Familien mit Kindern nehmen viel Raum ein. Kurz und gut: ein Gesamtensemble für die Kunst im Herzen der Stadt, das alle mit einem Faible für moderne Architektur entzückt. Der Eintritt ist kostenlos (abgesehen von einigen Ausstellungen), also eintreten und umschauen. Die heitere, kreative Atmosphäre ist ansteckend.

TIPP

In der Casa del Carnaval ganz in der Nähe steht die große Leidenschaft der Tinerfeños im Fokus: der Karneval.

Der Entwurf für das TEA stammt von Architekturstars aus der Schweiz – vom Architektenbüro Herzog & de Meuron, das schon die Neugestaltung der Plaza de España verantwortete. Die Meister nahmen traditionelle Bauformen auf, indem sie die Gebäudeteile wie bei einem kanarischen Herrenhaus um einen Innenhof (Patio) herum gruppierten. Außen mildern Glasbetonbausteine, die gleichzeitig als Fenster fungieren, die Strenge der Betonmauern und sorgen für ein verspieltes Element. Zum Patio hin, durch den ein öffentlicher Fußweg vom Marktgebäude Nuestra Señora de Africa zur Altstadt führt, öffnet sich das Gebäude mit Glaswänden. Zum Abschluss des Besuchs im Kulturtempel lockt das lässig-stylishe Café-Restaurant, wo man sich unter die einheimischen Kulturfans mischen kann.

- TEA, Avenida de San Sebastián 10, 38003 Santa Cruz, Tel. +34 (9 22) 84 90 90 https://teatenerife.es
- ÖPNV: ab Puerto de la Cruz Bus 103, Haltestelle Meridiano

Schöner wohnen

20 Die Casa Museo Cayetano Gómez Felipe in La Laguna

Mitten im Herzen der Altstadt gegenüber der Iglesia de La Concepción liegt gut verborgen hinter dicken Mauern eine wahre Perle. Von außen ahnt niemand, welche Pracht sich im kanarischen Stadthaus mit den charakteristischen hölzernen Balkonen versteckt, das heute ein Hausmuseum mit unzähligen Schätzen aus der Kolonialzeit ist, die ein leidenschaftlicher Sammler zusammentrug. Der Besuch gleicht einer kleinen Reise durch die Inselgeschichte. Seine erste Blüte erlebte Teneriffa als Zuckerinsel, bis billiger Zucker aus der Karibik den Anbau von Zuckerrohr auf den Kanaren zusehends weniger profitabel machte. Es folgte Wein als attraktives Ausfuhrprodukt, das vor allem auf die Britischen Inseln exportiert wurde. Viele Händler kamen zu Wohlstand und bauten in La Laguna standesgemäße Häuser – wie das Anwesen an der Plaza de la Concepción, das Anfang des 18. Jahrhunderts ein irischer Händler für sich errichten ließ. Aber auch der Weinhandel hatte seine Zeit, und die Händler aus dem Norden kehrten in die Heimat zurück.

1940 erwarb Cayetano Gómez Felipe (1902–1978) , der ursprünglich von der Nachbarinsel La Palma stammte, das Anwesen und füllte die Räume nach und nach mit vielen kleinen Kostbarkeiten. Nach seinem Tod nahm sich die Tochter der Sammlung an und öffnete sie vor ein paar Jahren für Besucher, die nun eintauchen können in die Geschichte und Wohnkultur einer vergangenen Epoche, als Teneriffa ein bedeutender Handelsstützpunkt im Atlantik war. Staunend spaziert man von Raum zu Raum, bewundert Möbel, Gemälde, Porzellan, Glaswaren, Schmuck, Musikinstrumente, Spielzeug, Fotografien und vieles mehr. Ein wundersamer Zauber umgibt die vorzüglich präsentierten Exponate. Nach dem Ende des Rundgangs kann man im bildhübschen Café im Innenhof rund um den plätschernden Brunnen den Besuch bei feinem Gebäck und köstlichen Tagesgerichten nachwirken lassen. Ein paar Erinnerungen zum Mitnehmen gibt es im Shop.

TIPP

Gegenüber liegt der Kirchturm der Iglesia de La Concepción mit herrlichem Ausblick über die Stadt.

- Casa Museo Cayetano Gómez Felipe, Plaza de la Concepción 13, 38201 La Laguna, Tel. +34 (9 22) 87 89 50, https://casamuseocgf.com
- ÖPNV: ab Puerto de la Cruz Bus 103, Haltestelle El Risco

EXTINTOR

Saharablonder Beach

21 Die Playa de Las Teresitas in San Andrés

Wie eine goldene Mondsichel breitet sich der Strand von Las Teresitas an der Südküste, östlich von Santa Cruz, aus. Dahinter ragt steil das Anaga-Gebirge auf. Anders als die Strände im Norden, die schwarz und vulkanisch sind, lockt der zwei Kilometer lange Beach, an dem Palmen Schatten spenden, mit hellem Sand. Ein Importprodukt aus der Sahara. Tatsächlich wurden hier in den 1970er-Jahren 100 000 Kubikmeter feinster Saharasand aufgeschüttet, um ein Freizeitparadies zu schaffen. Ein Glück für die Hauptstädter, die sich hier – weit weg von den Urlaubersiedlungen und nur 15 Autominuten von Santa Cruz entfernt – am liebsten tummeln.

An Sommerwochenenden kann es eng werden, dann sind die Parkplätze voll und die Sonnenliegen stehen dicht an dicht. Familien breiten ihre Decken aus und verteilen darauf die Inhalte der Kühltaschen, Väter spielen mit ihren Kindern Beachball oder bauen Sandburgen. Und weil das Wasser flach ist, baden auch die Kleinsten hier gefahrlos. Zusätzlich sorgen Wellenbrecher, die als künstliches Riff fungieren, für ein entspanntes Badevergnügen. Natürlich hat auch Wassersport Hochkonjunktur, und Gleitschirmflieger segeln aus dem Anaga-Gebirge hinab und landen sanft im weichen Sand von Las Teresitas. Vom Strand blickt man auf den Fischerort San Andrés, der mit seinen weißen und bunten Häusern wie ein andalusisches Dorf den Hang hinaufklettert. Wer kein Picknick dabeihat, kann sich bei den Chiringuitos versorgen, Strandlokale, wo man mit den Füßen im Sand Klassiker mit Fisch und Fleisch, Salate und nette Kleinigkeiten verspeisen kann. Das Dessert hat der Eismann, der seine Runden dreht, in der Kühlbox. Kurz und gut: Las Teresitas ist am Wochenende der perfekte Ort, um Einblick ins kanarische Familienleben zu bekommen. Ruhiger ist es an Wochentagen, wenn man – insbesondere im Winter – den Strand mit nur wenigen Besuchern teilt. Wer nicht den ganzen Tag an der Playa faulenzen möchte, kommt nach einer Wanderung im Anaga-Gebirge auf einen Sprung vorbei und erfrischt sich in den Wellen.

TIPP
Ein toller Aussichtspunkt mit Blick auf den Strand liegt an der Carretera Igueste de San Andrés (TF-121).

- Playa de Las Teresitas, bei San Andrés
- ÖPNV: ab Santa Cruz Bus 103, Haltestelle Las Teresitas

Die Wüste blüht

22 Der Botanische Garten El Portillo im Teide-Nationalpark

Wenn man sich von der grünen Nordküste Kurve um Kurve in den Vulkankessel Las Cañadas des Vulkans Teide hinaufschraubt, fühlt man sich schnell wie auf einer Expedition zu einem fremden Stern. Ein Ausflug in eine andere Welt. Statt sanfter Kulturlandschaften und üppigem Grün eine karge und auf den ersten Blick lebensfeindliche Landschaft, die so fremd wie faszinierend ist. Kein Wunder, dass der gesamte Kessel mit beeindruckenden 17 Quadratkilometer Durchmesser seit 2007 zum UNESCO-Welterbe gehört und einer der meistbesuchten Nationalparks der Welt ist.

Im Frühjahr, zwischen April und Juni, zeigt sich die Steinwüste bunt und blühend. Die ideale Zeit, um den Park auf ausgedehnten Wanderungen zu erkunden. Zuvor kann man im kleinen botanischen Garten Il Portillo beim gleichnamigen Besucherzentrum schon einmal Bekanntschaft mit der Pflanzenwelt am Teide machen: Insgesamt 220 Pflanzenarten sprießen hier entlang eines botanischen Lehrpfads – besonders zur Blütezeit im Frühjahr und Frühsommer ein Genuss, aber auch im Winter eine lehrreiche Runde. 16 der Pflanzen sind nur hier im Nationalpark zu Hause. Darunter der charakteristische weiß und manchmal rosa blühende Teide-Ginster in Kugelform, der vier Meter hoch werden kann. Eine raumgreifende gelbe Pracht ist die Teide-Rauke, ein zartes und scheues Gewächs dagegen das meist malven- oder violettfarbige Teide-Veilchen, das schon Alexander von Humboldt beschrieb. Der Star aber ist zweifellos der Rote Natternkopf (Tajinaste rojo) mit seinen unzähligen kleinen Blüten, die rote Laternen bilden und Farbkleckse in der kargen Landschaft setzen. Weil das Überleben im rauen Klima der Cañadas mit Frost, Schnee und eisigen Winden im Winter und dann wieder extremer Trockenheit im brütend heißen Sommer nicht einfach ist, entwickelten die Pflanzen Überlebensstrategien, lernt man. Einige bildeten winzige Blätter aus, andere Blätter mit einer schützenden haarigen Oberfläche oder mit einer Wachsschicht. Was für ein Glück!

TIPP

Das angrenzende Besucherzentrum informiert über Vulkanismus, Geologie und Tierwelt im Park.

- Besucherzentrum El Portillo, TF-21, Kilometerpunkt 32,1, 38300 La Orotava, Tel. +34 (9 22) 92 23 71
- ÖPNV: ab Costa Adeje Bus 342, ab Puerto de la Cruz Bus 348, Haltestelle El Portillo

Catwalk

23 Die Strandpromenade bei Las Américas

Sagenhafte zwölf Kilometer zieht sich die Strandpromenade von Los Christianos über die Playa de Las Américas und Costa Adeje bis La Caleta. Sie lädt zu einer Wanderung der etwas anderen Art ein, auf der man die Entwicklung des Tourismus an Teneriffas Südküste ein bisschen nachvollziehen kann. Vor allem aber ist sie der Platz zum Joggen, Radeln, Skaten, Kinderwagenschieben und natürlich zum Flanieren. Treffpunkt für alle Generationen und Nationalitäten zum Sehen und Gesehenwerden.

Will man den Beachwalk genießen, sucht man sich am besten ein Teilstück der Promenade aus, denn unterwegs gibt es viel zu tun und zu schauen. Ein Dutzend Strände allein laden zum Baden und Sonnen ein. Dazu unzählige Lokale – Cocktailbars, Fischlokale, coole Beachclubs unter Palmen und nostalgische Cafés. Das Publikum ist je nach Strandabschnitt immer ein bisschen anders: Senioren, die im sonnigen Süden Teneriffas überwintern, genießen die Auszeit in der Sonne bei Kaffee und Kuchen, Familien bummeln mit Badezeug zum Strand, und junge Surfer suchen – das Bord lässig unter den Arm geklemmt – nach Wellen. Bunte Modefetzen, Paragliding, Trekkingtouren, Bootsausflüge, Massagen – verkauft wird so ziemlich alles, was im Urlaub Spaß macht und gefällt. Langweilen soll sich schließlich niemand im Urlaubsparadies, das man ab den 1970er-Jahren an der Küste des sonnenverwöhnten Südens aus dem Boden stampfte. Hier und da gibt es auch ein Häppchen moderne Kunst wie das rostbraune „Fenster zum Meer" von Juan López Salvador, vor dem Teenager für ihre Selfies posen. Zum Ausklang unbedingt einen Platz mit Aussicht für den Sundowner suchen – im legendären Monkey Club zum Beispiel, der über der Playa de Troya thront. Die Deko mit Affen, Giraffen und Zebras sorgt für Afrika-Feeling, an der Dschungelbar gibt es coole Drinks, und sanfte Lounge-Musik sorgt für den Hintergrundsound zum Sonnenuntergang. Einfach einen der Bambussessel schnappen und den Blick auf den Strand und La Gomera genießen. Zurück zum Ausgangsort geht es mit dem Bus.

TIPP

Die Playa de Troya, tagsüber ein ruhiger Badestrand, wird abends zur Partymeile.

- Monkey Beach Club, Avenida Rafael Puig 3, Playa de Troya www.monkeybeachclub.com
- ÖPNV: Bus 467 zwischen Costa Adeje, Playa Las Américas und Playa Los Christianos

Papageienparadies

24 Im Loro Parque

Den Loro Parque kennt jeder. Der Tierpark bei Puerto de la Cruz ist ein Besuchermagnet auf der Insel und trotz aller Kritik von Naturschützern an Tierparks und Aquarien grundsätzlich und Delfin- und Orca-Shows im Besonderen – die meisten Besucher verlassen den Loro Parque mit leuchtenden Augen. Und nicht zufällig bekam er mehrere Jahre in Folge den Traveller's Choice Award als weltbester Tierpark. 1972 eröffnete der Deutsche Wolfgang Kiesling den Papageienpark (span. Loro Parque). Es zeigte sich schon bald, dass Vögel allein keine Besucherscharen anlocken können, sodass im Laufe der Jahrzehnte Schritt für Schritt ein Tierpark mit 570 Tierarten entstand. Zu den Attraktionen gehören heute das Aquarium, in dem sich Delfine und Haie tummeln, und eine Arktislandschaft für Pinguine. Doch das Herz von Wolfgang Kiesling, der auch mit Mitte achtzig noch unermüdlich im Park tätig ist, schlägt weiterhin für die Papageien. 4000 Tiere leben inzwischen hier, die zu 350 verschiedenen Arten gehören – Rekord weltweit.

TIPP

Kostenlose Loro-Parque-Bahn ab Plaza de los Reyes Católicos in Puerto de la Cruz (9.30–16.30 Uhr).

Seit 1994 unterhält der Park eine Stiftung, die mittlerweile 120 Projekte rund um den Globus betreut. Dabei stehen die Papageien im Fokus, aber auch Meeressäugern wie Delfinen und Walen widmet die Stiftung, der viele internationale Spezialisten angehören, viel Aufmerksamkeit. Ein Hilfeschrei schob das erste Projekt an: Vom Spix-Ara, der heute das Logo des Parks ziert, gab es 1998 in der Natur nur noch ein einziges Exemplar. Tatsächlich gelang im Loro Parque die Reproduktion, und in den folgenden Jahren wurden insgesamt zehn Arten vorm Aussterben gerettet, erzählt Rafael Zamora, Biologe und wissenschaftlicher Direktor des Parks. So bleiben die Papageien auch die Stars im Loro Parque, und ein Höhepunkt des Besuchs ist zweifellos der Spaziergang durch die Großvoliere Katandra Treetops, der bis in die Baumkronen führt. Papageien aus Asien und Australien in allen Farben flattern inmitten eines grünen Dschungels umher, und Besucher können ihnen beim Fressen und Flirten in die Augen schauen.

- Loro Parque, Avenida Loro Parque s/n, 38400 Puerto de la Cruz www.loroparque.com/de
- ÖPNV: aus dem Süden Bus 325, ab Santa Cruz Bus 103, Haltestelle Busbahnhof Puerto De La Cruz (wenige Minuten Fußweg)

Grillparty

25 Der Grillplatz Los Pedregales im Teno-Gebirge

Lust auf ein besonderes Erlebnis inmitten von Einheimischen? Dann einfach den nächsten Supermarkt anfahren und je nach eigenem Gusto Fleisch, Fisch und/oder Gemüse einkaufen. Dazu ein paar Tomaten, die ein oder andere Grillsauce, ein Fläschchen Wein und einen Sack Holzkohle. Damit ist man bestens gerüstet für eine Grillparty inmitten der Natur. Die Tinerfeños lieben Sonntage auf naturschönen Grillplätzen mit der Großfamilie, und glücklicherweise gibt es eine ganze Reihe von bestens ausgestatteten Anlagen mit gemauerten Grill- und Wasserstellen. Sanitäre Anlagen sind vorhanden und oft ein Kinderspielplatz, damit auch die jüngsten Familienmitglieder auf ihre Kosten kommen. Ein beliebter Grillplatz ist Los Pedregales an den Hängen des wildschönen Teno-Gebirges im Nordwesten der Insel. Tolle Ausblicke ins Tal von El Palmar, 18 Kochstellen und lange Tische und Bänke unter schattenspendenden Bäumen. Mehr braucht es nicht. Unter der Woche findet jeder hier sein Plätzchen. Und Ruhe außerdem. Vögel zwitschern, Grillen zirpen, Palmwedel rascheln. In der Ferne kläfft vielleicht ein Hund. Herrlich!

An Sonntagen vor allem sollte man früh kommen, denn dann sind die besten Plätze heiß umkämpft. Die meisten Besucher haben die Musikanlage dabei, die die Sounds der Natur übertönen. Gern wird gesungen und getanzt. Der Grillmeister zaubert am Grill, während der Rest der Familie Gemüse schnippelt und den Tisch deckt, und bald duftet es aus allen Ecken appetitlich nach Grillfleisch. Findet man auch wenig Ruhe an solchen Tagen – spannende Einblicke ins spanische Familienleben sind garantiert. Die Höhenlage sorgt – gerade in den Sommermonaten, wenn es an der Küste heiß ist – für angenehme Temperaturen. Und wer mag, bleibt gleich ein paar Tage, denn auf fünf Terrassen kann man Zelte aufschlagen. Im nahen Informationszentrum Los Pedregales, im Tal von El Palmar gelegen, gibt es jede Menge Vorschläge für erlebnisreiche Tage im Landschaftspark mit seinen zahlreichen Wanderwegen.

TIPP

Sonntags gibt's auf dem Bauernmarkt El Palmar (Finca Los Pedregales s/n, El Palmar) Obst und Gemüse.

● Los Pedregales, Carretera A Teno Alto, 38489 Buenavista del Norte

Höhlen der Guanchen

26

Das Dorf Chinamada im Anaga-Gebirge

Chinamada im Anaga-Gebirge ist nicht gerade der Nabel der Welt. Nur wenige Menschen leben noch in dem kleinen Ort. Zu weit von den Arbeitsplätzen in den Städten und an den Küsten liegt er entfernt. Die jungen Leute kommen höchstens am Wochenende vorbei, um den betagten Eltern beim Bestellen der terrassierten Felder zu helfen. So weltverloren Chinamada heute auch ist – seine Geschichte reicht weiter zurück als die der meisten anderen Orte auf Teneriffa. So kann man beim Besuch auf Zeitreise gehen. Hier siedelten nämlich schon die Guanchen, Teneriffas Ureinwohner, in Höhlen. Sie gruben einfache Behausungen in den Fels, um sich vor den Eroberern aus Spanien zu schützen. Nebenbei boten diese Höhlen auch Schutz vor Sturm, Erdbeben und Feuer. Einladend wirken die weiß getünchten und oft blumengeschmückten Fassaden, hinter denen sich heute zwei Zimmer, Küche, Bad verstecken. Inzwischen auch mit Strom und fließendem Wasser ausgestattet und klimaneutral. Ungefähr 19 °C herrschen in den Felswohnungen nämlich im Sommer wie im Winter. Ungefähr 30 Höhlenwohnungen gibt es noch im Ort, die längst nicht mehr alle bewohnt sind.

TIPP

Eine spektakuläre Wanderung führt von Punta del Hidalgo, an der Küste, bergauf nach Chinamada.

Am besten erwandert man Chinamada vom Nachbarort Las Carboneras aus. Unterwegs sind die Blicke gigantisch – auf den Roque de Taborgo zum Beispiel, das „Matterhorn" Teneriffas. Und im Frühjahr sorgen Gänsedisteln oder Kanarische Glockenblumen für Farbakzente. Am Ziel angekommen, lockt als Abstecher der Mirador de Aguaide mit fantastischem Ausblick auf Atlantik, Klippen und das grüne Anaga-Gebirge. Ein Panorama, von dem man sich an klaren Tagen kaum losreißen kann. Aber es wartet noch eine Einkehr.

Das urige Gasthaus La Cueva wurde wie die Wohnhäuser in den Fels geschlagen und bietet reichlich Höhlen-Feeling. Es ist beliebt bei Wanderern, die sich hier einfache und schmackhafte Kost wie Kichererbseneintopf schmecken lassen. Ein Ort zum Leben ist Chinamada nicht mehr für viele – aber sehr wohl ein Ort zum Entschleunigen auf Zeit – perfekt für einen Ausflug in die frühen Tage der Inselgeschichte.

- Chinamada im Anaga-Gebirge
- ÖPNV: ab Puerto de la Cruz Bus 103, ab La Laguna Bus 275 nach Las Carboneras

Kuchenschlacht

27 Das Café Melita (Palmelita) in Bajamar

Mal so richtig Kaffee und Kuchen genießen? Bei allerbester Aussicht? Dann ist das Palmelita – bekannter als Café Melita – in Bajamar, an der Nordostküste Teneriffas, erste Wahl. Es bürgt seit mehr als einem halben Jahrhundert für Qualität. Staunend steht man vor dem Kuchenbuffet: Käsekuchen, Karottenkuchen, Schwarzwälder Kirschtorte? Oder doch lieber Apfelstrudel? Feinste Kuchen und Torten wie in der Heimat, begleitet vom guten alten Filterkaffee, serviert man hier seit 1968. Am besten früh kommen, einen Platz am Fenster oder auf der Terrasse suchen, den herrlichen Blick auf die Küste von Bajamar genießen und schlemmen – ohne an Kalorien zu denken.

Ältere Damen, Familien, Teenager, Surfer mit Brett unterm Arm, ein buntes Völkchen gönnt sich hier eine süße Auszeit am Nachmittag. Zum Mitnehmen gibt es Bio-Vollkornbrot aus der eigenen Backstube und köstliche Konfitüre. Alles hausgemacht natürlich. Da greift mancher Gast gerne zu. Als das Café eröffnete, machte das kleine Fischerdorf Bajamar gerade Karriere als Urlaubsort – zu einer Zeit, als der Süden der Insel touristisch noch nicht erschlossen war. Deutsche Urlauber strömten in Scharen ins „Melita", wo man Melitta-Filterkaffee auf heimische Art zum Erdbeerkuchen mit Sahne servierte.

Eine andere Tourismus-Ikone dieser Ära überlebte den Wandel der Zeiten nicht. Beim Blick aus dem Fenster erspäht man zur Linken das einst stolze Hotel Neptuno, das heute ein „Lost Place" ist. Mit dem Bau des Südflughafens und dem Ausbau der Südküste ging es mit Bajamar stetig bergab und damit auch mit dem Neptuno. Die Zimmer wurden Ende der 1990er-Jahre verramscht, 2007 kam das endgültige Aus. In den folgenden Jahren wurden Investoren verprellt, Plünderer rückten an, ein Feuer brach aus. Zuletzt kamen die Sprayer – darunter auch renommierte Künstler, die das Neptuno zu einem Kunsttempel der besonderen Art machten und Bungalows und Swimmingpool ihren Stempel aufdrückten. Nur das Melita überdauerte den Wandel der Zeiten.

- Café Melita (Palmelita), Carretera General de Bajamar 171, 38250 Bajamar
- ÖPNV: ab La Laguna Bus 50, ab Puerto de la Cruz 103 und 105, Haltestelle Bajamar (20 Minuten Fußweg)

Bühne des Lebens

28 Die Plaza de la Libertad in Garachico

Kirchen, Klöster und Herrenhäuser der Kolonialzeit säumen die Plaza de la Libertad von Garachico. Im Zentrum des Platzes duckt sich unter mächtigen alten Lorbeerbäumen ein „kiosco", eine kleine Bar, mit einer Handvoll Tische. Tagsüber herrscht hier ein Kommen und Gehen. Ältere Herren treffen sich vormittags bei einem Café solo, einem spanischen Espresso, zum Kartenspielen. Nachmittags kommen Mütter mit ihren Kindern und tauschen sich unter heftigem Gestikulieren aus. Später flaniert der halbe Ort über den Platz. Man wechselt ein paar Worte, holt sich Snacks am Kiosk und gleitet entspannt in den Abend. Freundlich nickt man Besuchern zu, die sich auf ein Glas Wein dazugesellen. Über den Platz wacht Simón Bolívar, in Bronze gegossen, ein venezolanischer Freiheitsheld, dessen Vorfahren aus Garachico stammten.

TIPP

Am 16. August feiert die Stadt mit einer großen Fiesta den Stadtheiligen San Roque.

Angesichts von so viel Gelassenheit kann sich kaum jemand vorstellen, dass Garachico einst die wichtigste Hafenstadt der Insel war. Im 16. und 17. Jahrhundert verschiffte man von hier aus Zuckerrohr in alle Welt. Dem „Goldenen Zeitalter" folgten düstere Zeiten: 1706 verschütteten Lavaströme nach einem Ausbruch des Vulkans Montaña de Trevejo den Hafen. Garachico fiel in einen Dornröschenschlaf, aus dem es nie wieder erwachte.

Im Nachhinein ein Glücksumstand, denn Bausünden sucht man hier vergeblich. So richtig zum Leben erwacht die Plaza am Neujahrstag. Dann drängen sich hier die Menschen – Einheimische und eine Handvoll Teilzeit-Tinerfeños, die Häuser auf der Insel haben. Das Konzert, mit dem das neue Jahr begrüßt wird, ist seit vielen Jahren ein Kultur-Event und verwandelt Garachicos Hauptplatz in einen Open-Air-Konzertsaal. Anwohner verkaufen an Ständen Kuchen und Likör, Kinder schlecken Eis und spielen Verstecken, während auf der Bühne die Big Band de Canarias und ein paar Solisten einheizen. Althippies tanzen ausgelassen, das restliche Publikum wippt und klatscht zur Musik. Stimmungsvoller kann man kaum irgendwo auf der Insel ins neue Jahr starten.

- Plaza de la Libertad, 38450 Garachico, www.garachico.es
- ÖPNV: ab Buenavista del Norte oder Puerto de la Cruz Bus 363, Haltestelle Garachico

CAMAREROS

Eine wundersame Wandlung

29

Der Palmenpark Palmetum in Santa Cruz

Ein botanischer Garten auf einer Müllkippe? Was zunächst wenig verlockend klingt, wurde in Santa Cruz zum Vorzeigeprojekt. 1983 legte man die stadtnahe Müllkippe still, zurück blieb ein stinkender Berg, den man in ein 12-Hektar-Freizeitparadies mit 600 Palmen- und über 3000 anderen Pflanzenarten verwandelte. Wer genug vom Stadtdschungel hat, findet paradiesische Ruhe zwischen plätschernden Bächen und mächtigen Bäumen. Während Müll unter der Erde vor sich hin rottet, recken sich Pflanzen aus aller Welt in den Himmel und laden zu einem Spaziergang durch fünf Kontinente ein.
Königspalmen, Kokospalmen, Palmyrapalmen, Ölpalmen, Betelnusspalmen, Zuckerpalmen und viele andere Mitglieder der großen Palmenfamilie sind hier versammelt. Auf zwei Routen kann man die grüne Pracht erkunden: Die blaue Route führt zwischen Palmen und Inseln zu vielen bedrohten Arten. Ein Höhepunkt der Tour ist der Madagaskar-See, wo sich Mangroven mit mächtigen Wurzeln ans sumpfige Ufer krallen. Die rote Route windet sich vorbei an zahlreichen Nutzpflanzen von Bananenstauden über Affenbrotbäume, Schraubenpalmen, Gewürzbäume, Kakao, Rattan, Zuckerrohr oder Aloen – Pflanzen, die den Welthandel über Jahrhunderte prägten. Zwischendurch kann man auf Bänken entspannen und sich einbilden – umgeben von der Flora Ozeaniens –, dass man nicht auf den Atlantik, sondern auf den Pazifik schaut. Überall zwitschert es aus den Baumwipfeln, denn längst ist der botanische Garten auch ein Vogelparadies, in dem 60 Vogelarten wie Turmfalken und Kanarienvögel leben, und im Winter Zugvögel wie Graureiher und Silberreiher im ewigen Frühling der Insel überwintern. Ein weiteres Plus: Das Palmetum ist auch ein Ökoparadies, in dem weder Kunstdünger noch Pestizide zum Einsatz kommen. Schädlinge werden mithilfe von Druckwasserspülungen und geschickten Anbaumethoden in Schach gehalten. Pflanzenabfälle aus städtischen Grünflächen polstern den Boden, führen ihm Nährstoffe und Feuchtigkeit zu, was beim Wassersparen hilft.

TIPP

Ein toller Fotospot – vom Karibik-Aussichtspunkt blickt man über das Auditorium bis zum Anaga-Gebirge.

- Jardín Botánico del Palmetum, Avenida la Constitución 5, 38005 Santa Cruz, Tel. +34 (9 22) 22 93 68, https://palmetumtenerife.es
- ÖPNV: ab Puerto de la Cruz Bus 103, Haltestelle Meridiano

Familienidyll

30 Playa San Juan

Immer weiter schieben sich die Ferienorte der Südküste nach Norden. Längst haben sie den Fischerort La Caleta erreicht. Noch ein Stück weiter nördlich – zwischen der Costa Adeje und Los Gigantes – liegt Playa San Juan, ein Ferienort, der noch ein Eigenleben jenseits des Tourismus hat. Der kleine Fischerhafen ist nach wie vor ein „working harbour", in dem bunte Fischkutter schaukeln, und umgeben ist der Ort von einem grünen Gürtel aus Bananenfeldern. Der wahre Reichtum entlang der Küste sind natürlich längst die Strände, und so lag es auf der Hand, den hübschen Stadtstrand als Urlaubsziel zu vermarkten. Unter Palmen sitzen dort Rentnerinnen und Rentner auf Campingstühlen beim Kartenspiel, daneben Familien mit Sandeimern und Schaufeln. Es gibt in San Juan keine Hotelburgen, sondern vor allem Ferienapartments für Selbstversorger, und ein Unterhaltungsprogramm à la Las Américas sucht man vergeblich. Playa San Juan ist nicht der Strandort zum Sehen und Gesehenwerden, sondern eine kleine Familienbadewanne mit Wohlfühlpotenzial, wo das Leben noch seinen gemütlichen Gang geht und die Preise nicht durch die Decke geschossen sind.

Eine hübsche Promenade schlängelt sich am Wasser entlang, wo sich die Restaurants aneinanderreihen. Die Hauptrolle spielt – wie könnte es in einem Fischerhafen anders sein – Fisch, der täglich frisch angeliefert wird. Der vielleicht beste Tag für einen Besuch im Ort ist der Mittwoch, denn dann ist Markttag. Die Stände für Obst und Gemüse auf der Plaza de la Iglesia neben der Kirche San Juan Bautista wenden sich nicht in erster Linie ans touristische Publikum. Auf der einen Seite verkaufen Bauern frisches Obst und Gemüse, auf der anderen Seite warten Kleidung und Krimskrams auf Kundschaft. Die Atmosphäre ist munter-geschäftig, und nach dem Einkaufsbummel lässt man sich gern auf einen Café Solo in der Kaffeebar am Platz nieder. Noch Lust auf ein bisschen Bewegung? Ein Wanderweg führt in 40 Minuten, immer am Atlantik entlang und bei bestem Blick, zur Playa de Alcalá.

TIPP

Die Backwaren in der Konditorei „100% Pan y Pasteleria" (Calle la Graciosa 4) haben Kultcharakter bei Einheimischen.

- 38687 Playa San Juan
- ÖPNV: ab Los Christianos Bus 473, Haltestelle Playa de San Juan

STARFISHER
MINELOU

Treffpunkt der Wäscherinnen

31

Der Parque Los Lavaderos in El Sauzal

Das Villenviertel von El Sauzal liegt in der oberen Etage, das Ortszentrum quasi im Erdgeschoss. Und im Keller sozusagen – am Hang der Steilküste – versteckt sich ein romantisches Fleckchen, das unbedingt einen Besuch lohnt. Im Parque Los Lavaderos (Park der Wäschereien) sprudeln natürliche Quellen, deren Wasser man einst über Rinnen und Kanäle in gemauerte Becken leitete, die als Waschzuber dienten. Ein Treffpunkt für Frauen, die hier ihre Wäsche wuschen und die Pflicht mit der Kür verbanden – einer Plauderstunde bei bester Aussicht. Als das Zeitalter der Waschtröge längst beendet war, ließen die Stadtväter hier einen verwunschenen Park gestalten, der ein zauberhafter Rückzugsort ist. Wie eh und je sprudelt das Wasser der Quellen, und Brunnen plätschern sanft vor sich hin. Die ehemaligen Waschbecken sind heute von Elefantenohren, einer Sumpfpflanze aus Südostasien, umrankt und schenken Kühle an heißen Tagen. Einem botanischen Garten gleicht der kleine Park, in dem typische Inselgewächse wie die Kanarische Dattelpalme oder die Kanaren-Wolfsmilch vertreten sind. Dazu Hibiskus, Aeonium und andere Blütenpflanzen in allen Farben des Regenbogens. Viele idyllische Ecken gibt es zu entdecken. Man kann sich – mit einem guten Buch vielleicht – auf einer Bank niederlassen und die Stille genießen. Traumhaft auch die Blicke an klaren Tagen über die Nordküste bis zum Teide – vor allem beim Sonnenuntergang.

TIPP

Geheimtipp in der Caféteria El Delei-Té ist der Brunch (unbedingt vorbestellen).

Eine Oase der Ruhe ist auch das Café El Delei-Té, in dem man bei kleinen Leckereien und besten Blicken wunderbar sitzt. Zum Abschluss des Ausflugs lohnt ein kurzer Spaziergang zum Ortskern von El Sauzal mit seinem hübschen Ensemble an der Plaza de San Pedro mit dem Rathaus und der gegenüberliegenden Iglesia San Pedro Apóstol, die aus dem 16. und 18. Jahrhundert stammt und zu den ältesten Kirchen der Insel zählt. Einen Blick werfen sollte man auch ins Kirchenschiff mit einem der ältesten Taufbecken Teneriffas und einer kleinen Kunstausstellung.

● Parque de los Lavaderos, 38360 El Sauzal, https://cafeteria-el-delei-te.negocio.site
● ÖPNV: ab La Laguna bzw. Puerto de la Cruz, Bus 101, Haltestelle El Sauzal (3 Minuten Fußweg)

Kanarisches Alltagsleben

32 Auf der Plaza de los Remedios in Buenavista del Norte

In der Mitte der zentralen Plaza de Los Remedios in Buenavista del Norte steht ein Kiosk unter Bäumen, wo man für wenig Geld Kaffee trinken, sitzen und den kanarischen Alltag aufsaugen kann. Mädchen studieren nach Tik-Tok-Videos Choreographien ein, umrundet von Jungs auf Fahrrädern. Die Mütter sitzen plaudernd an den Tischen. Schräg gegenüber erblickt man auf den Parkbänken alte Männer in Reih und Glied, die ebenfalls die Köpfe zusammenstecken und den neuesten Dorftratsch austauschen. Ein paar hübsche Häuser aus der Kolonialzeit mit hölzernen Balkonen umgeben den Platz, und an einer Ecke erhebt sich die Iglesia de los Remedios, ein schlichter Kirchenbau aus dem 16. Jahrhundert mit einer schönen Geschichte. Hier war bis zu einem Brand 1996 die gleichnamige Heilige zu Hause, die den Ort in der zweiten Hälfte des 17. Jahrhunderts vor einer Plage aus Afrika rettete. Unzählige Heuschrecken fielen nämlich über die Felder her und vernichteten die Ernte, sodass eine Hungersnot den Ort bedrohte. Man flehte die Virgen (Jungfrau) de Los Remedios um Beistand an und trug sie in einer Prozession, begleitet von Trommeln und Flöten, durch das Dorf. Die Heuschrecken verschwanden in einer dunklen Wolke und die Heilige wurde Schutzpatronin des Ortes.

Die Kirchenglocken läuten den Abend ein. Die Bar Central an der Plaza rüstet sich fürs Abendgeschäft. Keine große Karte. Am Bartresen kann man Tapas ordern, diese kleinen Köstlichkeiten, die – begleitet von einem Bier oder einem Vino – den ersten Hunger stillen. Die Einheimischen sind fast unter sich, kaum ein Urlauber verirrt sich nach Buenavista, das unspektakulär ist und gerade deshalb ein wunderbarer Ort mit viel kanarischer Seele.

Wer nach den Tapas noch Lust auf eine süße Sünde hat, wird ein paar Schritte weiter fündig in einem Geschäft, das viele Fans hat: In der Bäckerei El Adego verkauft ein Konditor, der sein Handwerk in Deutschland lernte, fabelhafte Kuchen und süße Teilchen. Lauter kleine Kunstwerke, die man mit heimnehmen oder auf der Parkbank genießen kann.

TIPP

Beim Spaziergang ans Meer stellt man fest, dass Buenavista („gute Aussicht") ein passender Name für den Ort ist.

- Plaza de los Remedios, 38480 Buenavista del Norte
- ÖPNV: ab Santa Cruz oder Puerto de la Cruz Bus 363, Haltestelle Buenavista del Norte

Leuchtfeuer

33 Der Punta de Teno

Ein Ort, der nicht von dieser Welt scheint. Am Nordwestzipfel Teneriffas reckt sich seit 1897 der wohl berühmteste Leuchtturm der Insel im rot-weißen Streifenmuster in den Himmel. Er liegt auf der wilden und eigenwilligen Landzunge Punta de Teno, dem westlichsten Punkt der Insel. Dieser gehört zum Landschaftspark Teno, der sich im äußersten Nordwesten der Insel über mehrere Gemeinden erstreckt und zu den schönsten Naturlandschaften der Kanareninsel zählt. Früher lebten am Punta de Teno zwei Leuchtturmwärter mit ihren Familien in der Abgeschiedenheit des Kaps, doch längst ist das Leuchtfeuer automatisiert. Der Weg nach Punta de Teno ist nicht das Ziel, aber höchst beeindruckend, denn abenteuerlich windet sich die Straße an den fast senkrecht aufragenden Klippen entlang. Einfach vorfahren kann man schon seit ein paar Jahren nicht mehr: Stattdessen fährt ein Bus von Buenavista del Norte aus zum Leuchtturm, oder man wandert oder radelt (6,8 Kilometer einfach, ab der Schranke) zum Naturparadies. Ein bisschen muss man sich den Punta de Teno erst verdienen. Wer auf eigene Faust unterwegs ist, kann am Wegesrand anhalten – am Mirador Punta del Fraile zum Beispiel, wo man die Steilwände des Teno-Massivs und den wilden Strand El Fraile bestens im Blick hat.

TIPP

Man kann den Punta de Teno auch auf einem spektakulären Pfad vom Dorf Teno Alto aus erwandern.

Am besten kommt man früh oder spät, um am Kap das Einssein mit der Natur zu genießen. Und unbedingt gehört ein Picknick in den Rucksack, denn eine Einkehrmöglichkeit gibt es im Naturschutzgebiet nicht. Dann sucht sich jeder seinen Lieblingsplatz mit Blick auf die Steilküste von Los Gigantes, die stolze 600 Meter aufragt, und bei klarer Sicht auch auf die Nachbarinsel La Gomera, die zum Greifen nah scheint. La Palma kann man als Silhouette zumindest ausmachen. Dann einfach sitzen, schauen, staunen und dem Sound der Wellen lauschen. Und unbedingt, wenn das Wetter es erlaubt, ins glasklare Wasser springen. In der Bucht von Punta de Teno liegt ein kleiner Badestrand, La Ballenita, neben dem Mini-Hafen, in dem bunte Fischerboote schaukeln. Ein besonderer Glücksmoment: der Sonnenuntergang am Kap.

- Punta de Teno
- ÖPNV: ab Buenavista del Norte Bus 369, Haltestelle Punta de Teno

Das pralle Leben

34 Die Plaza de la Constitución in La Laguna

Um die Mittagszeit erwacht La Laguna zum Leben. Livemusik an jeder Ecke. Zur Freude der Ausflügler, die von den Stränden des Südens angereist sind, um für einen Tag zumindest Stadtleben zu tanken, und die in den unzähligen Bars und Restaurants sitzen und ihre Gesichter in die Sonne halten. Fröhlich ist die Stimmung, altehrwürdig die Atmosphäre in der Stadt mit 600 historischen Bauwerken. Mit Klöstern, in denen immer noch Nonnen in Klausur leben, mit zahlreichen Kirchen und hochherrschaftlichen Wohnpalästen, über deren Eingängen oft noch Wappen prangen, die an bedeutende Handelsfamilien erinnern. Die meisten jedoch können sich den Unterhalt ihrer Paläste längst nicht mehr leisten. Dann übernimmt die Stadt.

Seit La Laguna 1999 in die Liste des UNESCO-Welterbes aufgenommen wurde, hat man kräftig in die Instandhaltung der historischen Pracht investiert. Man leistet sich keine Bausünden und Plastikmobiliar sowie aufdringliche Werbebanner sind aus der Innenstadt verbannt. Dabei ist La Laguna kein bisschen museal, sondern lebhaft, jung und trendy. Eine typische Studentenstadt. Das sieht man an den zahlreichen Fahrrädern, die sonst im gebirgigen Teneriffa nur Sportgerät sind, und an den angesagten Bars und Cafés, in denen die klassische Kanarenküche eine Nebenrolle spielt. Hier liegt das vegane Restaurant neben dem Sushi-Lokal. Viele hübsche kleine Läden laden zum Stöbern ein – mit junger Mode, geschmackvollem Kunsthandwerk und regionalen Produkten. Dazu ein Kulturleben mit Museen, Galerien und dem Teatro Leal mit seiner verspielten Fassade.

TIPP

Regionale Produkte von Honig über Mojo bis Wein gibt es bei Atlantida Artesania (Calle San Agustín 55).

Wer noch ein bisschen mehr junges Leben schnuppern möchte, läuft in zehn Minuten ins Univiertel EL Cuadrilátero mit seinen Studentenbars und Musikkneipen. Dort tobt das Leben am späten Abend. Ansonsten gilt: La Laguna nicht am Wochenende besuchen oder während der Siestazeit (14–17 Uhr). Dann hat vieles geschlossen und man hat nur halb so viel Spaß.

- Plaza de la Constitución, 38201 La Laguna
- ÖPNV: ab Puerto de la Cruz Bus 103, Haltestelle El Risco

22

Fly high!

35 Der Kitesurfer-Strand El Médano

Die kunterbunten Segel der Kitesurfer schweben über dem Atlantik, und Windsurfer flitzen über die Wellen. So ästhetisch wie rasant. Am Strand bekommen Neulinge im Kiten ihre ersten Trockenlektionen, Kites werden aus- und eingepackt, Erfahrungen ausgetauscht. Stundenlang könnte man an der Playa de El Médano sitzen und dem Treiben zuschauen, ohne dass es langweilig wird. Und sich ab und zu wundern, dass sich bei all dem Gewimmel am Himmel die Drachen nicht ständig verheddern und verknoten.

Treffen sich die Wellenreiter vor allem an den Stränden des Nordens, ist der Süden Teneriffas Hotspot für Kite- und Windsurfer. Die Playa de El Médano – und dort vor allem der südliche Abschnitt – ist der Strand mit den perfekten Winden, wo man fast immer in die Luft gehen kann. Kein Wunder, dass sich hier Fans der Speed-Sportart aus aller Welt treffen. Bei Weltcup-Wettbewerben kann man sogar ab und zu Kite-Profis zuschauen. Wer Lust bekommt, sich selbst im Kitesurfen zu versuchen – die Infrastruktur im Ort ist perfekt. Surfschulen bieten Kurse für Anfänger, aber auch für Fortgeschrittene, die an ihrer Technik feilen wollen. Surfverleihe und Surfläden liefern das nötige Equipment.

TIPP

Hinter der Playa de La Tejita liegt die kultige Beachbar El Pirata mit tollem Blick auf die Montaña Roja.

Aber auch ganz ohne sportlichen Ehrgeiz ist El Médano ein wunderbares Ausflugsziel. Wer nach dem Abstecher zu den Kitesurfern einfach entspannen möchte, hat viele Möglichkeiten. Insgesamt ist die Playa de El Médano drei Kilometer lang – Rekord auf Teneriffa – und zieht sich vom Hafen bis zum roten Aschekegel der 171 Meter hohen Montaña Roja. Auf die führt ein Wanderweg, der garantiert aussichtsreich ist. Hinter dem Berg liegt die naturschöne Playa de La Tejita, an der man ebenfalls einen tollen Strandtag verbringen kann. Im Ort schließlich mit seiner jungen, gechillten Atmosphäre gibt es einen familienfreundlichen Strandabschnitt mit feinem Sand, Sonnenliegen und schattenspendenden Bäumen. Und hier kann man den Tag an der Südküste in einem der Lokale am Wasser ausklingen lassen, wo fangfrischer Fisch auf den Teller kommt.

- Playa de El Médano, 38612 El Médano
- ÖPNV: Ab Los Christianos Bus 110, 408 nach El Médano (20 Minuten Fußweg)

Glück im Glas

36 Delicias del Sol

Fünf Tage in der Woche steht Amanda Lenzlinger vormittags in der Küche der kleinen Manufaktur Delicias del Sol, die sie mit Ehemann Gerrit Scharke betreibt. Sie rührt Marmeladen und Mojos, Chutneys und Salsas – alles, was hier ins Glas kommt, ist Handarbeit. Bis vor einigen Jahren war das deutsch-schweizerische Ehepaar noch im Management internationaler Firmen tätig und wechselte alle paar Jahre das Land. Dann suchten sie einen Ort mit gutem Klima zum Sesshaftwerden. Sie fanden Teneriffa und eine neue Aufgabe. Ein glücklicher Zufall, dass gerade ein deutsches Ehepaar Nachfolger für seine Manufaktur Delicias del Sol (Köstlichkeiten der Sonne) suchte. Amanda ging zunächst für sieben Monate bei ihnen in die Lehre und lernte die Geheimnisse von Chutneys, Fruchtaufstrichen & Co. kennen.

TIPP

Kein Platz im Koffer? Die Produkte gibt's auch im Onlineshop.

Nur beste Früchte kommen in den Kochtopf, das war schnell klar. Soweit möglich, verwerten sie Zutaten von der Insel: Orangen, Mangos und viele Gemüsesorten kommen direkt vom Bauern. Die Mandeln für die Mojos, die auf Teneriffa zwar wachsen, aber nicht mehr kultiviert werden, bezieht man vom Festland. Wildheidelbeeren, die bei deutschen Kunden gefragt sind, aus Mitteleuropa. Auch Petersilie, die tonnenweise in die grüne Mojo kommt, importiert man. Amanda und Gerrit, der sich um Ein- und Verkauf kümmert, setzen vor allem auf Direktverkauf. Sehr erfolgreich. Die zahlreichen Stammkunden verstehen, dass ein Glas Marmelade aus Handarbeit in Topqualität auch seinen Preis hat. Der Mango-Maracuja-Fruchtaufstrich ist ein Renner, aber auch Mango-Chutney und das milde Mojo, das die kanarischen Runzelkartoffeln ergänzt. Die Besucher, die zum ersten Mal vorbeikommen, dürfen natürlich probieren. Falsch. „Sie müssen probieren", betont Gerrit. Die Auberginen-Paste ist genial, genauso wie das Bananen-Chutney oder das feurige Harissa. Die Entscheidung fällt bei so viel Glück im Glas schwer. Ein Gag speziell für deutsche Kunden: die Curry-Wurst-Paste, die tatsächlich wie vom Wurststand schmeckt. „Aber anders als dort hat sie Premium-Qualität", versichert Amanda.

- Delicias del Sol, Paseo de la Libertad 65, 38689 Chío, www.deliciasdelsol.eu
- ÖPNV: ab Los Christianos Bus 460, Haltestelle Libertad, Chio

Delicias del Sol
CHÍO CON
LA PALMA

Andalusienflair

37 Der Froschbrunnen an der Plaza de Los Patos

Frösche bringen Glück und werden sogar manchmal zu Prinzen. An der Plaza de Los Patos sorgen sie auf jeden Fall für Entzücken. Architektur aus unterschiedlichen Epochen säumt den intimen Platz, auf dem Palmen und Indischer Lorbeer ein andalusisches Ensemble beschatten. Gleich acht wasserspeiende Frösche aus grüner Keramik säumen einen Springbrunnen, den andalusische Keramikkacheln schmücken – eine Kopie der Fuente de las Ranas im Parque de María Luisa in Sevilla. Der offizielle Name des Platzes, Plaza de 25 de Julio, erinnert an den Angriff der britischen Marine auf Teneriffa 1797, aber jeder kennt ihn als „Plaza de Los Patos" (Entenplatz). Im Zentrum des Brunnens sitzt auf dem Rücken einer Schildkröte eine wasserspeiende Ente, die vermutlich den Namen gab, aber die Stars sind eindeutig die Frösche. Rings um den Brunnen laden mehrere Bänke – ebenfalls im andalusischen Stil – zum Ausruhen ein.

TIPP

Das Lokal Strasse Parque ist an Sommerabenden auch eine beliebte Adresse fürs Abendessen.

Ein kurzer Schlenker führt zu einer weiteren Oase im hektischen Großstadtalltag. Der Parque García Sanabria, 1926 gegründet, ist immer noch der größte Stadtpark der Kanarischen Inseln und wahrlich eine grüne Lunge. Die Pflanzenpracht ist üppig und verschwenderisch: Palmen, Drachenbäume, Feigenbäume mit mächtigen Luftwurzeln und riesige Kakteen. Zwischen den Stars der Botanik finden sich – wunderbar komponiert – Wasserspiele und moderne Skulpturen. Die Open-Air-Galerie der Rambla setzt sich mit zahlreichen Werken renommierter Künstler fort. Darunter die „Maternidad" von Francisco Borges Salas, eine üppige Schöne, die sich an einem Springbrunnen erfrischt und schon beim Anblick beim Betrachter – in Gedanken zumindest – für Abkühlung sorgt. Auch weitere Größen der modernen Kunst wie Joan Miró, Henry Moore oder Niki de Saint Phalle sind vertreten. Wer nach so vielen Eindrücken Stärkung braucht, kehrt im Gartenlokal Strasse Parque ein, wo man auf zwei Etagen wunderbar sitzt – ganz nach Wunsch in der Sonne oder im Schatten – und die Leichtigkeit des Seins genießt.

- Plaza de Los Patos, 38004 Santa Cruz
- ÖPNV: ab Puerto de la Cruz Bus 103, Haltestelle Meridiano

Weihnachtsglück

38 Die Krippe von Candelaria

Weihnachten feiert man in Spanien etwas anders als in Mitteleuropa. Nicht das Christkind bringt wie bei uns am Heiligen Abend Geschenke, stattdessen werden die spanischen Kinder von den Heiligen Drei Königen beschenkt und müssen sich bis zum 6. Januar gedulden. Man kennt auch weder Adventskranz und Christbaum, im Mittelpunkt der Festlichkeiten stehen die Weihnachtskrippen (belen). Die prächtigsten stehen in den Städten, sind oft mehrere Meter lang und erzählen mithilfe vieler in mühevoller Handarbeit gefertigter Figuren und Requisiten die Geschichte der Geburt Jesu, aber auch Geschichten aus der Inselvergangenheit.

Ein Favorit in der Besuchergunst ist die Krippe der Kleinstadt Candelaria im Südosten Teneriffas, und zwischen Anfang Dezember und Ende der Weihnachtszeit strömen Besucher aus allen Teilen der Insel herbei. Die Kulisse mit kanarischen Häusern und kanarischen Trachten entführt nicht ins Heilige Land, sondern ins alte Teneriffa. Händler gestikulieren vor Marktständen, Bauern bestellen ihre Felder, Fischer fahren aufs Meer hinaus. Der feuerspuckende Teide schiebt seine Kuppe in den Himmel, und auch die hiesige Basilika von Candelaria, wo die Schutzheilige der gesamten Kanarischen Inseln zu Hause ist, ist eindeutig auszumachen. Am Abend des 5. Januar findet an der Krippe die Anbetung der Könige statt, die zuvor durch die Straßen der Innenstadt gezogen sind, und Kinder werfen ihre Wunschzettel in die königlichen Briefkästen. Nach dem ausgiebigen Bewundern der Krippe reihen sich viele Besucher in die nächste Schlange ein – vor der Churreria direkt gegenüber. Dort gönnt man sich eine Portion der köstlichen Fettkringel, um gut gesättigt zur Basilika zu flanieren, die sich auf dem Hauptplatz breitmacht. Gelegenheit zum Besuch bei der Madonna. Aber auch die Lotterieverkäufer vor der Kirche sind umlagert. Die spanische Weihnachtslotterie gilt, gemessen an der ausgespielten Gesamtsumme, als größte Lotterie der Welt. Und wer Weihnachten nicht zu den Gewinnern zählte, hat bei einer Sonderziehung am Dreikönigstag eine weitere Chance aufs Glück.

TIPP

In La Orotava erwartet Krippenfans sogar ein Rundgang zu den schönsten Krippen im Ort.

● Belen de Candelaria, Calle los Principes, 38509 Candelaria
Churreria El Guanche, Avenida de la Constitución 3, 38509 Candelaria
Basilica de Nuestra Señora de la Candelaria, Plaza de la Patrona de Canarias 1, 38509 Candelaria
● ÖPNV: ab Santa Cruz Bus 120, Haltestelle Batayola

LAVADEROS PU

Lost Place

39 Die Geisterstadt Los Abades

Ein Lost Place – ein Ort, der dem Verfall preisgegeben ist – mit besonderer Aura: Die Leprakolonie Los Abades im Süden Teneriffas liegt inmitten einer wüstenähnlichen Landschaft. Lepra war vor dem Zweiten Weltkrieg ein Schreckgespenst auf Teneriffa. Um die Ausbreitung der Krankheit zu stoppen, kam man auf die Idee, eine Quarantänestation für Erkrankte im wenig besiedelten Süden der Insel einzurichten. Baubeginn war 1943, aber noch bevor die Leprakolonie vollendet war, kam ein Medikament gegen die Krankheit auf den Markt. Was für ein Glück! Die Bauarbeiten wurden gestoppt und das „Sanatorio de Abona“ – fast bezugsfertig – wurde zur Geisterstadt. Ein Ort, an dem die Vergangenheit eingefroren scheint. Nach dem Krieg diente das Gebiet ein paar Jahre als militärisches Übungsgelände. Daran erinnert noch das ein oder andere Einschussloch. Viel später wurde es verkauft an eine italienische Investmentgesellschaft, die Los Abades in eine riesige Feriensiedlung verwandeln wollte. Aus Umweltschutzgründen wurde die Baugenehmigung aber 2021 zurückgezogen. So bleibt Los Abades wohl eine Geisterstadt, deren Faszination sich kaum jemand entziehen kann.

TIPP

An mehreren Stränden in oder bei Abades lockt ein Bad im Meer.

Auf einem Spaziergang kann man neben Wohnhäusern, in denen die Kranken hätten leben sollen, auch ein Krankenhaus, ein Krematorium und eine Kirche im Stil der Franco-Zeit mit einem großen Kreuz auf der Spitze erkunden. Sprayer haben die funktionalen Bauten mit Graffitis geschmückt, die den düsteren, schmucklosen Gebäuden Farbe und Charme verleihen. Und bei jedem Besuch gibt es neue farbenfrohe Kunstwerke zu entdecken. Man erreicht die Geisterstadt auf einem Spaziergang vom Küstenort Abades aus, der zur Gemeinde Arico gehört. Nach Lust und Laune kann man den Spaziergang zu einer kleinen Wanderung ausweiten, indem man am Meer entlang bis zum Leuchtturm von Abona läuft und von dort weiter bis Punta de Abona, wo man auch ins Meer springen kann. Dann erspäht man die Leprakolonie bereits und steuert einfach geradewegs aufs Ziel zu.

- Los Abades, Startpunkt des Spaziergangs: Playa de Los Abriguitos, Diez de Agosto, 22, 38588 Arico
- ÖPNV: von Santa Cruz Bus 111, Haltestelle Abades

UZI
CASA

Fürstlich baden

40

Die Playa del Duque

Auf einem Kap oberhalb der Bahia del Duque, der Bucht des Fürsten, thront mit der Casa del Duque ein feudales Anwesen. Es ist nicht so alt, wie es aus der Ferne aussieht, sondern stammt aus den 1930er-Jahren, erbaut vom Herzog von Abrante. Längst ist es in den Händen des Geldadels. Der katalanische Unternehmer Rafael Puig Lluvina hatte den richtigen Riecher und schob den Tourismus an der Südküste Teneriffas in der zweiten Hälfte der 1960er-Jahre an. Mit dem Ausbau der Küste büßte sein Palast allerdings die Alleinlage ein. Heute überblickt der die Playa del Duque, einen der schönsten Strände der Insel.
Costa Adeje, die Ferienstadt nördlich von der Playa Las Américas, setzte von Anbeginn an auf Qualitätstourismus mit Hotels im Luxussegment. Dazu gehört auch ein Badestrand mit Sterneniveau. Mit Sand aus der Sahara veredelte man die graue Kieselbucht zu einem wahren Luxusstrand, den Palmen säumen und vor dem der Atlantik verführerisch glitzert. Die Hotels – allen voran die Nobeladresse Gran Hotel Bahiá del Duque – sind keine gesichtslosen Urlaubsbunker, sondern elegante Feriendomizile im kanarischen Kolonialstil mit Tropengärten, durchgestylten Poollandschaften und schicken Restaurants. Hier macht eine wohlhabende Klientel Urlaub wie in einer ans Meer verpflanzten historischen Finca. Dass es das alles nicht zum Schnäppchenpreis gibt, versteht sich. Die Playa del Duque können aber alle nutzen. Hier mietet man sich Liege und Sonnenschirm und genießt mit einem guten Buch den Tag. Aber auch fürs Wassersportprogramm ist gesorgt, und schicke Adressen zum Shoppen und Schlemmen gibt es sowieso reichlich. Wer statt Relaxen am Strand Lust auf ein bisschen Bewegung hat, schlendert auf der Strandpromenade in Richtung La Caleta. An der Playa de la Enramada mit der lässigen Beachbar El Chiringuito gibt's eine Live-Show: Paraglider aus den Bergen von Adeje schweben wie riesige Vögel zur Küste und landen vor der Bar im Sand.

TIPP

Einige Hotels an der Playa del Duque wie das Gran Tacande öffnen ihren Spa-Bereich auch für Nicht-Hotelgäste.

● Hotel Gran Tacande Wellness & Relax, Alcalde Walter Paetzmann, s/n, 38670 Adeje
El Chiringuito, Playa de La Enramada, Las Gaviotas 19, 38679 La Caleta
● ÖPNV: ab Costa Adeje Bus 467, Haltestelle Bahia del Duque

Daumen hoch!

41

Der Roque de Taborno im Anaga-Gebirge

Das Anaga-Gebirge gehört zu Teneriffas naturschönsten Regionen und blüht doch im Verborgenen, weil es weit von den Stränden des Südens entfernt liegt. Eine wildschöne Gegend, wo die Berge immer wieder aufs Meer treffen und Dörfer sich an Abhänge klammern. Geologisch ist die Region ein Dinosaurier auf der Insel, sie bildete sich nämlich bereits vor 10–15 Millionen Jahren durch vulkanische Aktivitäten. Seit 1987 steht das Anaga-Gebirge als Naturpark unter besonderem Schutz. Mittendrin, auf einem Bergrücken zwischen zwei Schluchten, liegt der winzige Ort Taborno in 589 Meter Höhe, durch den sich wenige enge Gassen schlängeln. Keine 100 Menschen leben hier rund um die kleine Kapelle. Sie haben jedoch eine 5-Sterne-Aussicht auf ein echtes Highlight der Region, den Roque de Taborno. Ein Felssporn, der sich wie ein Daumen aufwärts reckt. „Matterhorn Teneriffas" wird er häufig genannt – bei einer Höhe von 706 Metern ein bisschen übertrieben. Eine Schönheit ist er aber zweifellos – umgeben von grüner Pracht. Die kommt nicht von ungefähr, denn das Anaga-Gebirge ist die Feuchtregion der Insel.

Regen und Nebel sorgen zweifellos für mystische Momente, aber für den Ausflug zum Roque de Taborno sollte man sich einen trockenen Tag aussuchen – vor allem, wenn man eine Wanderung plant. Eine besonders schöne Tour, die allerdings unbedingt Trittsicherheit und Schwindelfreiheit erfordert, führt um den Felsen herum. Dafür läuft man rechts an der Kapelle vorbei und ist schon auf dem Wanderweg. Nach wenigen Minuten wartet bereits der erste Mirador mit einem grandiosen Blick auf den Roque. Dann geht es zur Linken über Stufen hinunter, immer dem Wanderpfad folgend. Wer Respekt vor der Tour um den Felsen hat, findet zur anderen Dorfseite eine einfache Wanderroute, auf der man den Roque de Taborno immer wieder aus der Ferne bewundern kann. Fast noch schöner. Der Platz für die Einkehr: Im Lokal Historias para no dormir verwöhnt der Franzose Patrick Caruso seine Gäste mit deftiger Bergküche mit französischer Raffinesse.

TIPP

Im Historias para no dormir (Camino de Taborno, 43) unbedingt reservieren: Tel. +34 (9 22) 69 02 27 (Do.–So.).

- Roque de Taborno
- ÖPNV: ab Puerto de la Cruz Bus 275, Haltestelle La Laguna, weiter mit dem Taxi

Tanken & Trinken

42 Die Cafeteria El Mirador bei Los Realejos

Eine Tankstelle als Glücksort? Auf Teneriffa definitiv. An der Servicestation bei Los Realejos, an der Hauptstraße zwischen Puerto de la Cruz und Icod de los Vinos, kann man nämlich nicht nur tanken, den Wagen waschen lassen und ihm eine Wellnessbehandlung zukommen lassen. Man kann auch kopfüber ins einheimische Leben eintauchen und nebenbei eine tolle Aussicht genießen. Die wilde Nordküste Teneriffas hat man von hier oben nämlich bestens im Blick. Doch die eigentliche Überraschung ist die angegliederte Cafeteria El Mirador: eine spanische Bar wie aus dem Bilderbuch mit fauchenden Kaffeemaschinen, klappernden Kaffeetassen, von der Decke baumelnden Schinken, herumwirbelnden Kellnern und einem lautstark diskutierenden und wild gestikulierenden Publikum.

TIPP

Ein kleiner Supermarkt macht die Tankstelle zum Multifunktionsstopp.

Am besten kommt man an einem Samstag- oder Sonntagvormittag, wenn die Einheimischen ihre Autos auftanken, mit großem Hallo Freunde und Bekannte treffen und gemeinsam beim Frühstück oder Mittagessen in der Bar das Wochenende genießen. Kann schon sein, dass man am Eingang erstmal ein paar Minuten Schlange stehen muss, aber das ist Teil des Rituals. Dann kann der Spaß beginnen. Die Tapas, kleine Köstlichkeiten zum Snacken, kann man an der Theke ordern. Die Auswahl ist riesig. Auf der Speisekarte lauter Klassiker der spanischen Kneipenküche und ein paar kultige Eigenkreationen. Die Bocadillos, die spanischen Sandwiches, sind dick belegt mit Schinken oder Käse. Viele Gäste aber kommen eigens wegen der Papas Locas, der verrückten Pommes, bei deren Anblick Gesundheitsapostel vor Schreck erblassen: eine gigantische Portion Pommes mit Schinken, Hähnchen, Käse und drei Saucen, die Großfamilien satt macht – zum Schnäppchenpreis. Zuletzt vielleicht noch ein süßes Teilchen aus der Vitrine? Unbedingt mit einem Café Cortado genießen, einem Espresso mit einem Schuss Milch, der hier sensationell gut ist. Wer es ruhig und besinnlich mag, wird im El Mirador nicht glücklich. Wer das pralle Inselleben sucht, kommt wieder und ergattert mit ein bisschen Glück sogar einen Tisch am Panoramafenster.

● Cafeteria El Mirador, Paraje El Terrero s/n, 38410 Los Realejos

AFE

Fischerglück

43

Die Avenida Marítima in Punta de Hidalgo

Ein klassischer kanarischer Urlaubsort sieht anders aus. Ein buntes Unterhaltungsprogramm sucht man vergeblich. Punta de Hidalgo ist ein unaufgeregtes Fischerstädtchen am Fuße des Anaga-Gebirges mit viel einheimischem Leben. Und gerade deshalb ein wunderbares Ausflugsziel zum Schlemmen und Entschleunigen. Das Alltagsleben spielt sich an der Avenida Marítima ab. Am Wochenende trifft man hier Familien beim Sonntagsspaziergang, Urlauber, die ihre Hunde ausführen, Jogger, Surfer und Jugendliche mit ihren Skateboards. Auf der Promenade schlendert man zum kleinen Hafen, in dem bunte Fischerboote schaukeln, und kehrt in einem der Fischlokale ein, in denen die Fänge des Tages auf den Teller kommen. Für den Verdauungsspaziergang schlägt man dann vielleicht den Küstenpfad Camino La Costa hinter der Wallfahrtskapelle San Juanito ein. Auf der einen Seite liegen Bananenplantagen fast am Meer, auf der anderen Seite brandet der Ozean auf die Felsplattform aus Lavagestein, in dem sich kleine Felsenpools verstecken, die bei Ebbe zum Baden einladen. Dorthin pilgern Einheimische, bewaffnet mit Campingstühlen, um hier einen Tag am Meer zu verbringen. Ein Familiensport ist das Sammeln von Meeresfrüchten: Lapas zum Beispiel, eine beliebte Muschelart, werden mit einem Messer vom Felsen gelöst. Ein köstliches Abendessen!

TIPP

Im Fischlokal Cofradía de La Punta am kleinen Hafen wandert der Fisch direkt vom Boot in die Küche.

Unterwegs ein Wolkenkratzer der besonderen Art, vor dem alle Spaziergänger den Kopf in den Nacken legen: Der moderne Leuchtturm ist zweifellos ein Hingucker mit seinen weißen Rechtecken, die an Basaltsäulen erinnern. Ein Stück weiter trifft man auf die Piscina Charo de Arena – ein Naturschwimmbad, in dem man wunderbar schwimmen kann, auch wenn bei heftiger Brandung ab und zu Wellen über den Rand des Beckens schwappen. Es hat Charme und ein kleines Café mit guten Tapas, in dem man endlos sitzen und aufs Meer schauen könnte. Doch der Höhepunkt des Spaziergangs wartet zweifellos am Ende des Weges: Hier fällt das Anaga-Gebirge direkt ins Meer. Ein wilder Flecken, an dem das Herz plötzlich im Rhythmus der Wellen zu pochen scheint.

- Avenida Marítima, Punta de Hidalgo
- ÖPNV: ab La Laguna Bus 50, ab Santa Cruz 105, Haltestelle Meridiano

Very british

44 Das Café Orquidea im Garten Sitio Litre

Mit ein bisschen Fantasie kann man sich vorstellen, wie Abendgesellschaften auf dem englischen Rasen des Jardín Sitio Litre Krocket spielten und Gäste von Rang wie Alexander von Humboldt, Agatha Christie oder die Botanikmalerin Marianne North auf Dinnerpartys die Atmosphäre genossen. Das Herrenhaus auf dem Gelände, das noch in Privatbesitz ist, ließen 1730 bereits Weinhändler aus den Niederlanden erbauen. 1774 übernahm es der britische Kaufmann Archibald Little, der den Garten anlegen ließ und zu einem Schmuckstück machte. Heute ist er der älteste öffentlich zugängliche Garten Teneriffas und ein wohl gehütetes Geheimnis, das sich in einer stillen Gasse von Puerto de la Cruz versteckt. Eine Ecke im Garten erinnert an den wohl berühmtesten Gast, den Naturforscher Alexander von Humboldt, der bei seinem Aufenthalt auf der Insel 1799 Ehrengast auf einer Gartenparty war. Dem ersten „Promi" sollten weitere folgen.

TIPP

Bei unsicherem Wetter ist das Café geschlossen – am besten vorher anrufen.

Man spaziert vom Eingang durch eine kleine Orchideensammlung, vorbei an plätschernden Brunnen und durch viel exotisches Grün zum entzückenden kleinen Café Orquidea, das im alten Gartenhaus des Herrenhauses seinen Platz fand. Vielleicht hat hier ja schon Agatha Christie gesessen, die 1927 während ihres Aufenthalts auf Teneriffa im Sitio Litre zu Gast war. Daran erinnert noch heute eine Agatha-Christie-Ecke im Garten mit historischen Ausgaben ihres Buches „Der seltsame Mr. Quinn" – ihr Besuch im Sitio Litre war angeblich der Auslöser für eine der Kurzgeschichten des Sammelbandes. Das Café ist ein echter Lieblingsplatz und ein Pilgerort für alle, die britischen Lifestyle lieben. Zwischen Palmen, Bananenstauden und farbenfrohen Bougainvillea kann man wunderbar Tee trinken und Scones genießen – wenn auch nicht ganz stilecht mit Schlagsahne statt Clotted Cream. Mit Blick auf den 600 Jahre alten Drachenbaum, der seinem berühmteren Artgenossen in Icod de los Vinos an Pracht kaum nachsteht. Ein Ort zum Träumen, zum Lesen, zum Genießen mit reichlich historischem Flair.

- Café Orquidea, Jardíne de Orquideas, Sitio Litre, 38400 Puerto de la Cruz, Tel. +34 (6 97) 78 75 88, https://cafeorquideatenerife.es
- ÖPNV: Stadtbus 30, 103, Haltestelle La Paz (kurzer Fußweg)

Stilmix

45 Die Plaza España in Adeje

Mit Costa Adeje entstand vor ein paar Jahrzehnten ein Badeort für den Luxusurlaub, der das Image der Südküste aufpolieren sollte. Fünf-Sterne-Hotels, Designershops und Golfplätze statt Ballermann à la Teneriffa. Das ist zweifellos geglückt. Der Tourismus an der Küste machte die Stadt Adeje, 300 Meter oberhalb der Küste gelegen, wohlhabend. Sie selbst blüht im Verborgenen. Dabei kann man auf der Plaza España ein kleines Architekturwunder erleben und auf Zeitreise in die Inselgeschichte gehen. Von dort oben regierte nämlich der Guanchenkönig Tinerfe vor der Ankunft der Spanier die Kanareninsel. Nicht zufällig, denn in der Region gab es etwas, das kostbarer war als Gold: Wasser. Ohne Wasser kein Leben, und die Quelle des Lebens war der Barranco del Infierno, die Höllenschlucht. Nach dem Tod des Herrschers teilten seine neun Söhne die Insel unter sich auf. Das schwächte das Reich und öffnete den Spaniern Tor und Tür.

Höchste Zeit für einen Ausflug nach Adeje! Am besten spaziert man von der Busstation über die Hauptstraße, die Indische Lorbeerbäume beschatten, vorbei an vielen kleinen Lokalen und Geschäften zur Plaza España. Hier legten die Spanier den Grundstein für ihre Siedlung, die Wasserleitungen aus der Schlucht mit dem kostbaren Nass versorgten. Die Plaza im historischen Ortskern bekam 2011 ein ganz neues Gesicht. Im Zentrum liegt wie eh und je die ehrwürdige Kirche St. Ursula aus spanischer Zeit, zu der man über Freitreppen hinaufsteigt. Dahinter entstand eine preisgekrönte Erweiterung des Platzes. Ein kühner Bau der Moderne aus poliertem Sichtbeton und Basaltstein rückt seither die Exponate des Museums für sakrale Kunst ins rechte Licht. Dahinter öffnet sich wie ein Bühnenbild der Blick in die Schlucht. Ein Ort, an dem Historie und Moderne, Kunst und Natur munter ineinanderfließen – und an dem viele länger bleiben als geplant.

TIPP

Der Ausflug nach Adeje lässt sich bestens mit der Wanderung durch den Barranco del Infierno kombinieren.

● Plaza de España, 38670 Adeje

● ÖPNV: ab Costa Adeje Bus 473, Haltestelle Bahnhof Centro De Salud in Adeje

Wellenbrecher-Galerie

46

Die Künstlersteine von San Andrés

Beim Spaziergang entlang der Meerespromenade in San Andrés, zehn Kilometer nordöstlich von Santa Cruz, blitzt plötzlich ein buntes Gesicht auf einem der Wellenbrecher auf. Dann noch eins und noch eins. Schließlich eine ganze Galerie von Mini-Porträts auf dem dunklen Gestein. Maler wie Vincent van Gogh, Michelangelo, Salvador Dalí oder Cesar Manrique sind vertreten – auch eine Dame immerhin: Frida Kahlo. Eine weitere Reihe mit kunterbunten kleinen Kunstwerken zeigt Entdecker wie James Cook, Americo Vespucci, Christopher Kolumbus oder Marco Polo. Sehr passend hier am Meer. Aber auch Denker und Dichter sind vertreten von William Shakespeare bis Miguel Cervantes. Signiert sind alle Porträts mit den kyrillischen Initialen C.Г. Kein Spaziergänger, der nicht stehenbleibt und schmunzelt.

Erste Kunstwerke mit der gleichen Handschrift tauchten 2008 auf Wellenbrechern am Auditorio in Santa Cruz auf. Sie zeigten – passend zum Konzerthaus – Musiker, Sänger und Komponisten: Popstars wie Michael Jackson, Elvis Presley, John Lennon, Freddie Mercury und Paul McCartney sind verewigt. Aber auch Vertreter klassischer Musik wie die Komponisten Antonio Vivaldi, Giuseppe Verdi und Ludwig van Beethoven oder der Tenor Luciano Pavarotti. Ein Who's Who der Musikgeschichte. Lange kannte man den Urheber der Kunstwerke nicht, niemand hatte ihn je bei der Arbeit gesehen. Heute weiß man, dass der bulgarische Künstler Stoyko Gagamov, der 2008 nach Teneriffa kam, die originellen Kunstwerke schuf.

Es gibt aber noch mehr zu sehen im Fischerort San Andres, der seinen eigentlichen Charakter bewahrt hat. Der westliche Teil des Dorfes schmiegt sich an den Berghang, und unzählige Stufen schlängeln sich zwischen den bunten Häusern hinauf. Immer wieder belohnen Ausblicke auf Ort, Meer und den nahen Strand Las Teresitas für den Aufstieg. Im Herzen von San Andrés, rund um die Kirche, finden sich eine Handvoll Bars. Nicht weit davon liegt die Ruine des Castillo de San Andrés, eine ehemalige Piratenfestung aus dem 18. Jahrhundert.

TIPP

San Andrés mit seinen zahlreichen Fischlokalen ist ein Pilgerziel für Fischliebhaber.

- Avenida Marítima de San Andrés, 38120 San Andrés
- ÖPNV: ab Santa Cruz Bus 910, 103, Haltestelle San Andrés

Cristóbal
Colón

Cocktails mit Teide-Blick

47

Das La Baranda in El Sauzal

Zwischen Tacoronte und La Matanza liegt El Sauzal – ein Sonnenfleck an der feuchten Nordküste Teneriffas, der Ort mit den meisten Sonnenstunden. Das „feine" Viertel mit seinen schicken Villen thront auf einer Steilklippe ebenso wie das La Baranda, ein Lieblingslokal für viele, das einfach gute Laune macht. Es liegt am gleichnamigen Aussichtspunkt und ist zu jeder Tageszeit gut gefüllt: Ältere Ehepaare, Jungvolk, Mädelscliquen, Urlauber und einheimische Familien – eine bunte Gästemischung verteilt sich an den Tischen.

Vor der transparenten Brücke im Lokal stehen die Besucher Schlange. Ganz sicher einer der beliebtesten Selfie-Spots der Insel. Und der Blick könnte tatsächlich kaum spektakulärer sein. Der Teide reckt sich – im Winter auch gern mit Schneemütze – elegant in den Himmel, und schält sich, wenn die Sonne tiefer sinkt, immer mehr aus dem Dunst. Im Vordergrund glitzert der Atlantik verführerisch in Tintenblau – ein wunderbarer Kontrast zum grünen Orotava-Tal mit seinen Weinterrassen. Eine weitere Attraktion – besonders ab dem Spätnachmittag oder frühen Abend – sind die Gleitschirmflieger, die wie riesige Vögel von den Bergen zur Küste segeln und der Szenerie zusätzlich Magie einhauchen. Ein Blick, an dem man sich nicht sattsehen kann.

TIPP

Nur 50 Meter entfernt liegt die Casa del Vino, wo man feine Inselweine verkosten kann.

Neben dem Panorama lockt auch Feines aus Küche, Backstube und Keller. Schon morgens kommen die ersten Fans zum Frühstück und später zum Brunch ins La Baranda. Burger und Salate sind Klassiker rund um die Uhr, Hauptgerichte gibt es mit oder ohne Fleisch und Fisch. Zur Kaffeezeit ist die Kuchenbar bestens bestückt und macht alle Süßschnäbel glücklich. Abends, wenn die Cocktailbar öffnet, kann es eng werden und eine Schlange bildet sich schon am Eingang. Dafür dürfen Nachtschwärmer an einigen Tagen in der Woche auch nach Mitternacht noch feiern. Anders als in vielen anderen Ausflugslokalen stimmen Qualität und Service, und die Preise sind für Lage und Ambiente erstaunlich fair.

- La Baranda, Calle San Simón, 38360 El Sauzal, www.terrazalabaranda.com
- ÖPNV: ab La Laguna bzw. Puerto de la Cruz Bus 101, 104, Haltestelle Las Mejías

Kaktusglück

48

Die Bar Fidel in Masca

Das kleine Bergdorf im Nordwesten Teneriffas mit kaum 100 Einwohnern, das vor einigen Jahrzehnten nur über Eselspfade zu erreichen war, gehört längst zu den beliebtesten Ausflugszielen auf der Insel. Das hat seinen Grund. Schon die Annäherung von Santiago del Teide aus ist grandios. Man blickt aufs mächtige Teno-Gebirge, über dem Wolken wabern, bevor sich die Straße dramatisch in die Schlucht windet. Wer selbst am Steuer sitzt, erlebt manche Schrecksekunde – vor allem, wenn einem der Linienbus entgegenkommt, wird es eng. Am Ziel angekommen, bleiben die meisten Besucher am kleinen Dorfplatz kleben, kehren auf einen Kaffee ein und schießen das klassische Foto vom Bergdorf vor der Kulisse des Teno-Gebirges. Warum nicht einfach auf den Treppengassen ein Stück abwärts steigen? In den unteren Teil des Dorfes verirren sich nur noch wenige Besucher. Hier bewirten ein paar Lokale Gäste mit Tapas und deftiger Kanarenküche. Die türkisfarbenen Stühle auf der Terrasse der Bar Fidel (offiziell Bar Blanky Casa Fidel) sehen schon mal besonders einladend aus, und wer hier einkehrt, genießt Ruhe, herrliche Blicke und eine wunderbare Küche. Ob Fischgerichte oder Ziegenkäse in Palmhonig, eine Spezialität des Ortes, alles ist köstlich. Der Höhepunkt jedoch sind – allein der genialen Farbe wegen – die Süßspeisen aus der Kaktusfrucht. Kaktustorte oder Kaktuseis? Am besten beides! Die göttliche Kaktusmarmelade gibt es auch zum Mitnehmen.

Gleich hinter der Bar Fidel liegt der Einstieg zu einer der spektakulärsten Wanderungen der Insel, die durch die Schlucht von Masca zum Meer führt. Wer sich spontan auf den Weg machen will, wird jedoch enttäuscht. Der Wanderweg ist zugangsbeschränkt, sodass man rechtzeitig buchen sollte. Hat man einen Slot ergattert und gutes Wetter erwischt, kann das Abenteuer beginnen. Für viel Gekraxel entschädigt ein grandioses Landschaftsspektakel – vorbei an Terrassenfeldern mit Mandel- und Feigenbäumen, Kaktusfeigen, Maulbeerbäumen und Dattelpalmen läuft man im Schatten der Felsen, die bis zu 600 Meter aufragen, immer bergab.

TIPP

Die spektakuläre Wanderung durch die Masca-Schlucht muss vorab gebucht werden. www.camino-barrancode-masca.com/de

- Bar Blanky Casa Fidel, Lomitos 20, 38489 Masca, Tel. +34 (9 22) 86 34 57
- ÖPNV: ab Buenavista del Norte Bus 355, 356, Haltestelle Masca

ESTAURANTE
BLANKY
· CASA FIDEL ·

Unter Einheimischen

49 Guachinches

Besenwirtschaft, Straußenwirtschaft, Rädlewirtschaft, Buschenschank – nur eine Auswahl der Bezeichnungen für mehr oder weniger improvisierte, saisonal geöffnete Lokale, in denen Winzer im deutschsprachigen Raum ihre eigenen Weine zu einfachen Speisen ausschenken. Auch auf Teneriffa gibt es solche Wirtschaften, die hier Guachinche heißen. Wann sie erstmals auftauchten, ist umstritten. Aber auch hier boten sie Winzern die Möglichkeit, überschüssigen Wein im Direktverkauf loszuwerden. So stellte man Tische und Bänke in Garagen und servierte zum Wein einfache Hausmannskost. Daran hat sich prinzipiell wenig geändert. Besonders viele gibt es entsprechend dort, wo viel Wein angebaut wird – wie an der Nordküste Teneriffas. Wer in Tacoronte, Santa Ursula oder La Orotava unterwegs ist, muss nur den Hinweisschildern folgen und zur richtigen Jahreszeit unterwegs sein. Guachinches sind beliebt, weil die Preise günstig sind, sodass man auch mit der Großfamilie einkehren kann, ohne arm zu werden. Aber längst sind sie auch Kult. Manches Restaurant nennt sich deshalb Guachinche, ohne eine Besenwirtschaft zu sein. Die echten Guachinches liegen neben einem Weinberg und haben nur temporär geöffnet. Sie schenken nämlich den neuen Wein aus – meist ab dem Tag des hl. Andreas, dem 30. November. Wenn der Wein verkauft ist, schließen sie wieder. Neben dem hausgemachten Wein gibt es eine Handvoll Gerichte, die Klassiker der kanarischen Küche sind: Gabanzos (Kichererbsen), Pollo asado (gegrilltes Hähnchen), Carne de cabra (Ziegenfleisch), Conejo (Kaninchen), Queso asado (gebackener Käse). Und auch Papas arrugadas con mojo (Kartoffeln mit Mojo-Sauce) dürfen nie fehlen. Alles ohne Chichi, aber ehrlich und gut, denn am Herd steht die Dame des Hauses persönlich. Die Einheimischen wissen, wo Wein und Essen am besten sind, man muss nur schauen, wo am Sonntagnachmittag die Schlangen am längsten sind. Je uriger und rustikaler das Ambiente, desto größer die Begeisterung.

TIPP

Das beste Guachinche findet man nicht durch Internetportale, sondern durch Mundpropaganda.

● Guachinches, überall auf der Insel, zahlreiche in Santa Ursula bei Orotava
https://guachinchestenerife.com/de-de

Stilles Glück

50

Die Plaza del Príncipe in Santa Cruz

Als das Franziskanerkloster im Herzen der Stadt vor rund 200 Jahren aufgelöst wurde, suchte man nach einer neuen Nutzung für den klösterlichen Gemüsegarten. Truppenexerzierplatz, Markthalle? Nach langen Diskussionen entschied man sich – was für ein Glück! – für einen Platz zur Erholung, den man nach dem damaligen Thronfolger Plaza del Príncipe de Asturias nannte und mit sehr viel Gespür anlegte. Den Nordeingang flankieren zwei Marmorplastiken aus Genua, die Frühling und Sommer darstellen. Im Zentrum steht ein Brunnen mit gusseisernen Schalen aus England. Die Indischen Lorbeerbäume, die für Schatten sorgen, kamen aus Kuba. Ein wahrhaft internationales Ensemble also. Ein Musikpavillon kam rund 100 Jahre später dazu und in den 1990er-Jahren schließlich eine der vielen modernen Skulpturen der Stadt – das Ensemble „Le Courage" der niederländischen Künstlerin Hanneke Beaumont.

Auf den Bänken kann man wunderbar entspannen vom Stadtspaziergang und dem Leben und Treiben auf dem leicht erhöht liegenden Platz zuschauen. Angestellte der Büros ringsum verbringen hier gern die Mittagspause. In wenigen Minuten kann man von hier weiterschlendern zur nächsten Platzschönheit – vorbei an gleich zwei Kunsttempeln. Die Südseite der Plaza del Príncipe markiert das ehemalige Franziskanerkloster ganz in Rosa – heute das Museo de Bellas Artes. Schräg gegenüber liegt der prächtige neobarocke Bau des Kunstvereins, der anlässlich von Ausstellungen öffnet. Kaum hat man ihn passiert, steht man auch schon auf der länglichen Plaza San Francisco mit einer Reihe von riesigen Gummibäumen, in denen unzählige bunte Lämpchen hängen, die am Abend für die Romantikbeleuchtung der kleinen Restaurants am Platz sorgen. Beherrschender Bau aber ist die Klosterkirche Iglesia de San Francisco mit barockem Portal und wunderbar beschnitzten Holzdecken.

TIPP

Wer einen Energiekick nötig hat, bekommt im Jugendstilkiosk in der Nordwestecke der Plaza einen guten Café cortado.

- Plaza del Príncipe, 38004 Santa Cruz
- ÖPNV: ab Puerto de la Cruz Bus 103, Haltestelle Meridiano

Reise in die Kolonialzeit

51

Das Boutique-Hotel San Agustin in Icod de los Vinos

Icod de los Vinos ist ein verträumtes kleines Städtchen, das sich nicht dem Massentourismus verschrieben hat. Ein Juwel ist die Plaza de la Constitución – umringt von alten Stadtvillen – mit einem Brunnen im Zentrum und viel exotischer Pflanzenpracht. Von dort kann man durch die Calle San Sebastian mit ihren Geschäften und Restaurants zum historischen Rathaus (Ayuntamiento) spazieren. Nicht weit von dort liegt ein wahres Schatzkästchen – ein familiengeführtes Boutique-Hotel in einem Adelshaus aus dem 18. Jahrhundert. Von außen ist nicht sichtbar, welcher Glücksort sich innen verbirgt, denn die Tür zur Straße ist schlicht und unauffällig. Sie öffnet sich zu einem Innenhof, in dem man auf Anhieb in längst vergangene Zeiten eintaucht.

Doch bevor sich das 300 Jahre alte Stadthaus in ein gemütliches Hotel verwandelte, war viel Arbeit nötig. Es musste komplett entkernt und mit dem Komfort des 20. Jahrhunderts ausgestattet werden – ohne den Historiencharme zu opfern. Wie in vielen historischen Gebäuden auf Teneriffa wurde hier hochwertiges Tea-Holz verbaut – das Kernholz der kanarischen Kiefer, das hart wie Stein ist. Es bietet viele Vorteile, ist robust und resistent gegen Schädlinge, aber schwer zu bearbeiten und pflegeintensiv. Als Ergebnis harter Arbeit entstand ein Schmuckstück im traditionellen kanarischen Baustil. Das Herz des Hauses ist der Patio, der Innenhof, mit Palmen und einem Kamelienbaum, einem plätschernden Brunnen und Sitzplätzen fürs Frühstück. Kaffee und Tee, kanarischer Wein und kanarische Bananen stehen für die Gäste jederzeit bereit. Zum Frühstück gibt es Früchte von der Familienfinca oder vom Bauernmarkt, dazu kanarischen Käse und Gofio. Lokal und regional lautet das Motto und für den gesamten Hotelbetrieb gilt, dass Nachhaltigkeit nicht nur ein Wort ist. Acht Zimmer mit altkanarischen Möbeln, von denen keins dem anderen gleicht, liegen im Obergeschoss wie auch der Salon mit antiker Sitzgruppe, Büchern und Spielen. Ein herrlicher Platz, um auf Zeitreise ins Teneriffa der Kolonialzeit zu gehen.

TIPP

Eine Adresse mit Michelin-Empfehlung fürs Abendessen: Furancho La Zapatería (Paseo Canarina, La Mancha).

- Hotel San Agustin, Calle San Agustin 18, 38430 Icod de los Vinos, Tel. +34 (9 22) 81 31 94, www.hotelsanagustin.es/en/hotel
- ÖPNV: ab Buenavista del Norte oder Puerto de la Cruz Bus 363, Haltestelle Príncipe De España

Unter den Sternen

52 Der Parador Nacional de las Cañadas

Eine wundersame Ruhe kehrt in der Caldera ein, wenn die letzten Tagesbesucher abgereist sind. Die Sonne versinkt hinter den Felswänden und orangefarbene Wolken umwabern den Teide, bis der Vulkan in der Dunkelheit versinkt. Ein grandioses Spektakel, das nur wenigen vorbehalten ist. Wer eine Nacht im Nationalpark verbringen möchte, hat nur zwei Möglichkeiten: Für Wanderer gibt es die rustikale Schutzhütte von Altavista, in der viele Teide-Besteiger nach Anmeldung bei der Nationalparkverwaltung eine Nacht verbringen können, bevor sie den Gipfel stürmen. Das einzige Hotel im Nationalpark ist der Parador Nacional de las Cañadas, ein schlichter ockerfarbener Bau, der sich behutsam in die Landschaft einfügt. Das 35-Zimmer-Haus mit Lodge-Charakter gehört zur staatlichen Paradores-Kette und bietet gediegenen Komfort, Luxus ist die exklusive Lage.

Beliebt ist der Parador bei Radsportteams, die hier oben ihr Höhentraining absolvieren, aber vor allem bei Menschen, die für ein oder zwei Nächte das Besondere suchen und die einzigartigen Naturstimmungen vor allem am Abend und am frühen Morgen in der Caldera genießen möchten. Nach Sonnenuntergang versammeln sich die Gäste am Kamin auf einen Drink, bevor im Speisesaal feine kanarische Küche aufgetischt wird. Nach dem Abendessen sollte man jedoch keinesfalls versäumen, noch einmal vor die Hoteltür zu treten und in den Nachthimmel zu blicken, an dem wegen nicht vorhandener Lichtverschmutzung hier oben unzählige Sterne funkeln. Wer sie näher heranzoomen möchte – im Parador stehen zwei Teleskope zur Himmelsbeobachtung zur Verfügung. Schließlich gehören die Kanaren zusammen mit Hawaii und Chile zu den besten Orten für Sternenbeobachtungen weltweit. Aber auch die Morgenstimmungen sind magisch. Mancher Hausgast bricht beim ersten Tageslicht und bevor die ersten Besucher von der Küste heraufkommen bereits zu einer kleinen Wanderung auf. Vom Speisesaal genießt man dann beim Frühstück mit kanarischen Spezialitäten den Logenblick auf den Teide.

TIPP

Abendliche Ausflüge zur Sternenbeobachtung in der Caldera kann man bei Volcano Teide Experience buchen.

● Parador Nacional de las Cañadas del Teide, Cañadas del Teide, 38300 La Orotava, www.parador.es/de/paradores/parador-de-las-canadas-del-teide
Volcano Teide, www.volcanoteide.com/de/der_himmel_des_teide/sternenbeobachtung
● ÖPNV: ab Costa Adeje Bus 342, ab Puerto de la Cruz Bus 348, Haltestelle Parador del Teide

Energielieferant

53

Der Pino Gordo bei Vilaflor

Bäume strahlen Kraft, Ruhe, Geborgenheit und Bodenständigkeit aus. Schließlich sind sie fest verwurzelt, stehen aufrecht, trotzen Wind, Wetter und Naturkatastrophen. Und das Umarmen von Bäumen reduziert Stress und schenkt Energie, ist immer wieder zu lesen. Zum Umarmen des Pino Gordo bei Vilaflor braucht es mehrere Menschen, denn mit einem Umfang von 9,36 Metern ist er ein echter Baumriese und auf den Kanaren die Nummer eins, was Alter und Umfang betrifft. Man fährt an ihm vorbei, wenn man vom höchsten Bergdorf Spaniens in Richtung Küste fährt und sollte seine raue Rinde zumindest ein bisschen streicheln.

Nach dem Drago Milenario ist der Pino Gordo (dicke Pinie) wohl der berühmteste Baum der Insel. Er ist eine Kanarische Kiefer, die – wie der Name schon sagt – auf den Kanaren beheimatet ist. 700 bis 800 Jahre soll er alt sein, schätzt man. Er stand also auch schon hier, als die Spanier die Insel eroberten, und hat in der Zwischenzeit einiges gesehen und erlebt. Und einiges überlebt – Waldbrände beispielsweise. Die Kanarische Kiefer ist enorm widerstandsfähig und übersteht Feuersbrünste durch einen Trick der Natur: Die Stammborke verkohlt bei Feuer nicht, sondern verkrustet nur. So verbrennen Nadeln und kleine Äste, der Baum selbst bleibt aber intakt. Knospen treiben, wenn die Gefahr gebannt ist, wieder aus – auch wenn der Stamm außen schwarzverkohlt ist.

Jahrhundertelang waren die Bäume als Bauholz unverzichtbar. Aus dem Kernholz (Tea-Holz) baute man Schiffe, Türen, Fenster, Balkone und Weinfässer. Es hält nämlich Wasser und Schädlinge ab, und die rötliche Farbe sieht außerdem auch noch gut aus. An vielen Häusern aus der Kolonialzeit kann man das Holz der Kanarischen Kiefer bewundern, die längst unter Naturschutz steht. Was die Höhe betrifft, so hat übrigens der Zwillingsbaum Pino de Las Dos Pernadas auf der anderen Straßenseite mit 56,03 Metern die Nase vorn und soll damit der höchste endemische Baum Spaniens sein. Die Baumriesen auf dem Festland, die ihn noch übertreffen, sind alle Einwanderer.

TIPP

Ganz in der Nähe lädt der naturschöne Picknickplatz Las Lajas zu einer Pause ein.

- Pino Gordo, TF-21, 38613 Vilaflor
- ÖPNV: ab Costa Adeje Bus 342, Haltestelle Pino Gordo

Strandkunstwerk

54

Playa Jardín und Punta Brava

Auf dem Weg von Los Realejos nach Puerto de Santa Cruz hüpft das Herz unweigerlich: Der Blick auf das alte Fischerviertel Punta Brava mit seinen bunten Häusern zwischen lavaschwarzen Felsen und tintenblauem Atlantik ist immer wieder ein Traum. Verwinkelt sind die Gassen, die Farben der Häuser teils verblichen vom Salzwasser der Wellen, die unermüdlich an die Kaimauer klatschen, teils aufgehübscht. Hier präsentiert sich noch ein Viertel mit rauem Charme, ohne Schickimicki. Aber wie lange wohl noch?

Kaum hat man das letzte Haus von Punta Brava hinter sich gelassen, wartet der nächste Fotoblick: Ein bildschöner schwarzer Lavastrand zieht sich von hier rund einen Kilometer lang bis zum Castillo de San Felipe in Puerto de la Cruz. Eigentlich sind es drei Strände hintereinander – Playa de Punta Brava, Playa del Charcón und Playa del Castillo – vereint unter dem Namen Playa Jardín (Gartenstrand). Strandbars gibt es, einen Kinderspielplatz, ein Beachvolleyballfeld, Sonnenliegen stehen zum Ausleihen bereit. Eine perfekte touristische Infrastruktur erwartet die Badegäste. Und doch ist die Playa Jardín kein Strand wie jeder andere. Der Name Gartenstrand ist hier Programm, denn hinter der Strandpromenade liegen grün-bunte Gärten mit Kanarenflora von Palmen bis Kakteen. Viele kleine Designelemente von Grotten bis zum Wasserfall zeigen außerdem: Dies ist ein Strand aus Künstlerhand. César Manrique, der wohl bekannteste Architekt der Kanaren, der aus Lanzarote stammte, schuf das Gesamtkunstwerk aus Fels, Sand, Meer und Vegetation in den 1990er-Jahren. Manrique war Maler, Bildhauer, Landschaftsarchitekt, Umweltschützer. Er kämpfte im Spanischen Bürgerkrieg, ließ sich in La Laguna auf Teneriffa zum Bauingenieur ausbilden, studierte an der Kunstakademie in Madrid und verbrachte ein paar Jahre in New York, aber sein Herz schlug für die Kanaren, vor allem für seine Heimatinsel Lanzarote. Teneriffa verdankt ihm diesen Traumstrand, an dem man gern einen ganzen langen Urlaubstag genießt und der viel mehr ist als Sand am Meer.

TIPP

Ein weiterer Manrique liegt im Ortszentrum: das Naturschwimmbad Lago Martianez.

● Playa Jardín, 38400 Puerto de la Cruz

● ÖPNV: ab Santa Cruz Bus 381, 382 (Stadtbusse), 102, 103, ab Los Gigantes Bus 325, ab Las Americas Bus 343, Haltestelle Playa Jardín

Flanieren mit Kunstgenuss

55

Die Rambla de Santa Cruz

Wie ein Bogen legt sich die Rambla, ein drei Kilometer langer Boulevard, von der Plaza de la Paz zur Avenida de Anaga um die Innenstadt. Zwischen den Fahrspuren in beide Richtungen verläuft die breite Flanierpromenade – beschattet von Indischen Lorbeerbäumen, Jacarandas und Afrikanischen Tulpenbäumen mit mächtigen Kronen. Was für ein Segen an heißen Sommertagen! Hier liegen Spielplätze und Kioske, an denen Schulkinder Süßigkeiten kaufen, ein Open-Air-Fitnessstudio und viele Bänke, auf denen Rentner Zeitung lesen. Niemand scheint in Eile zu sein. Ganz nebenbei ist die Rambla auch eine Open-Air-Galerie: Moderne Skulpturen von renommierten Künstlern sorgen für eine Prise Kunst im Alltag. Sie entstanden 1973 im Rahmen der ersten internationalen Ausstellung für Straßenskulpturen, die 43 Bildhauer von Rang und Namen wie Joan Miró, Henry Moore und Julio González nach Santa Cruz lockte. Und alle hinterließen Spuren. Zu den bekanntesten Werken zählen Henry Moores „Goslarer Goslar". Am auffälligsten sind die riesigen roten Ballons, die nur scheinbar spielerisch von den Bäumen baumeln – ein Werk von Xavier Corberós mit dem Titel „Henker und Gehenkte".

TIPP

Der schönste Weg zurück ins Zentrum führt durch den Parque García Sanabria.

Am besten beginnt man den Bummel an der Plaza de la Paz und erspäht schon bald die Stierkampfarena zur Linken aus dem Jahr 1893. Seit 1984 bereits stirbt hier kein Stier mehr. Nachdem man die „Plaza de Toros" einige Jahre lang für Karnevalsveranstaltungen und Open-Air-Konzerte genutzt hatte, rottet der stolze Bau seit nunmehr fast 20 Jahren vor sich hin und wartet auf eine neue Bestimmung. Weiter schlängelt sich die Rambla durch den denkmalgeschützten Stadtteil Barrio de los Hoteles, eine Villenkolonie aus dem späten 19. Jahrhundert. Wohlhabende Geschäftsleute bauten repräsentative Wohnhäuser im verschnörkelten Stil der Zeit, der auch die Grande Dame der Stadthotellerie prägt: das elegante Iberotel Mencey. Ein Spaziergang auf der Rambla lohnt übrigens auch am Abend, wenn im Schummerlicht der altmodischen Laternen Alt und Jung unterwegs sind und man sich in der Kunst des Flanierens üben kann.

- Rambla de Santa Cruz, 38004 Santa Cruz
- ÖPNV: ab Puerto de la Cruz Bus 103, Haltestelle Meridiano

Einfach gigantisch!

56 Charco de Isla Cangrejo in Los Gigantes

Das Baden im Lavapool Charco de Isla Cangrejo in Los Gigantes wäre an sich schon ein Vergnügen, denn ein paar Runden im frischen Atlantikwasser sind wunderbar erfrischend. Doch vor allem der wahrhaft gigantische Ausblick auf die Felswand Los Gigantes („die Riesen"), den man von hier in aller Ruhe genießen kann, macht ihn zu einem Seelenplatz. Aus dem einst kleinen Ort an der Küste, der zur Gemeinde Santiago del Teide gehört, ist längst ein stattliches Urlaubszentrum geworden, in dem sich vor allem Briten wohlfühlen. Apartmentanlagen klettern die Hänge empor, und rund um den Hafen ist immer viel los. Zu den Urlaubern und Residenten kommen Tagesausflügler hinzu, die von hier zu Walbeobachtungstouren starten. Die Attraktion Nummer eins aber sind die Klippen – Los Acantilados de los Gigantes, die Klippen der Riesen, die den westlichsten Punkt der Insel bilden. Stolze 450 Meter ragen sie aus dem Atlantik beziehungsweise stürzen sie sich ins Meer – je nach Perspektive. Und mehr als neun Kilometer ziehen sie sich an der Küste entlang. In den Hitlisten der größten Steilküsten Europas tauchen sie häufig auf Platz zwei auf. Auf Madeira und in Irland gibt es höhere, aber das ist letztlich auch gar nicht so wichtig, denn höchst beeindruckend sind sie auf jeden Fall. Es gibt unterschiedliche Möglichkeiten, sich ihnen zu nähern. Einen tollen Blick hat man vom Aussichtspunkt El Mirador Archipenque an der Straße zum Nachbarort Puerto de Santiago. Auch die Punta de Teno mit ihrem Leuchtturm erspäht man von hier. An der lavaschwarzen Playa de los Guíos neben dem Hafen sieht man die Klippen aus einem anderen Blickwinkel, und natürlich kann man sich auch mit Booten, mit dem Kajak und mit dem SUP nähern, ihnen ganz nah auf die Pelle rücken und ehrfürchtig in die Höhe starren. Für eine Mauer zur Hölle hielten die Guanchen sie – aus dieser Perspektive absolut nachvollziehbar. Hier ging es damals einfach nicht weiter.

TIPP

Hungrig? Im Nachbarort Puerto de Santiago gibt es vorzügliche Fischlokale.

- Charco de Isla Cangrejo, Calle Magnolia 4, 38683 Santiago del Teide
- ÖPNV: ab Costa Adeje Bus 473, Haltestelle Correos (wenige Minuten Fußweg)

Bananen, Bananen, Bananen

57 Die Casa del Plátano in Icod de los Vinos

Der Norden Teneriffas ist bananengrün. Auf riesigen Landflächen wachsen die süßen Früchte, und nach dem Tourismus ist der Bananenanbau zweitwichtigstes Standbein der Inselwirtschaft, der rund 40000 Menschen Arbeit gibt. Birgit Mielenhausen lebt seit 48 Jahren auf Teneriffa und heiratete mit ihrem Mann auch eine Bananenplantage. Seither ist sie Bananen-Kennerin. Die gelben Früchte, erzählt sie, sind nicht auf den Kanaren heimisch – sie kamen im 16. Jh. aus Südamerika auf die Inseln im Atlantik, fühlten sich aber gleich wohl. Das subtropische Klima mit milden Temperaturen bietet optimale Bedingungen, der kommerzielle Anbau begann jedoch erst vor rund 100 Jahren. Mehr als 90 Prozent der Ernte gehen heute in den Export, meist aufs spanische Festland. Weil viele Besucher auf ihrer Plantage landeten, um mehr über den Bananenanbau zu erfahren, wurde die Idee eines Bananenmuseums geboren.

2016 kaufte die Familie die 300 Jahre alte Finca in der Innenstadt von Icod des los Vinos und schuf ein stilvolles Zuhause für das „Haus der Bananen". Museumsbesucher stehen zwischen dem historischen Büro einer Bananenfinca, Utensilien für den Anbau, historischen Fotos und Plakaten sofort mitten in der kanarischen Bananengeschichte. Wer weiß schon, dass die Canary Wharf in London nach den Kanarischen Inseln benannt ist, weil von dort die Bananenlieferungen kamen? Seine eigenen Kräfte kann man an einer Bananenstaude testen. Fürs Anheben braucht man reichlich davon, denn ein Fruchtstand wiegt durchschnittlich 60 Kilogramm. Weiter geht es zur kleinen Bananenplantage, wo gewaltige Stauden zwischen den grünen Blättern baumeln. Mehrsprachig beschriftet, sodass man jede Menge über das Bananengeschäft erfährt. Die kanarische Banane, lernt man, unterscheidet sich deutlich von Bananen, die man in deutschen Supermärkten findet: Sie ist in der Regel kleiner, hat Sommersprossen und schmeckt süß und aromatisch. Die EU verlieh ihr das Gütesiegel Plátano de Canarias g.g.A. (geschützte geografische Angabe).

TIPP

Zum Abschluss kann man im Shop kanarische Bananen, Bananenmarmelade oder Bananenlikör kaufen.

- Casa del Plátano, Calle Hércules 4, 38430 Icod de los Vinos, www.casadelplatano.com
- ÖPNV: ab Buenavista del Norte oder Puerto de la Cruz Bus 363, Haltestelle Príncipe De España

Street-Art

58 La Ranilla in Puerto de la Cruz

Das Viertel La Ranilla gilt als Geburtsort von Puerto de la Cruz, denn hier siedelten einst die Fischer in einfachen Hütten. Längst verpasste man dem ehemaligen Armeleuteviertel ein Facelifting, und heute ist es ein Schmuckstück mit kunterbunten Häusern, kreativen Läden, netten Bars und Restaurants und einer Open-Air-Galerie, einem Museum der urbanen Kunst. Das Projekt Puerto Street Art begann 2014 mit 13 zum Teil international bekannten Künstlern, die sich mit ihren Werken an Hausfassaden verewigten – ein buntes Potpourri unterschiedlicher Stile. Das größte Mural, das nach wie vor zu den Hinguckern zählt, ist „Die Grenze des Paradieses" (Calle Mequinez 4) des dänischen Künstlers Victor Ash. Sein Wandbild zeigt ein lebendiges Gitter, das durch Vorurteile und wirtschaftliche Faktoren einen Teil der Menschheit vom Paradies ausschließt. Ganz anders auf der Wand gleich gegenüber mit „Rum, Rum, Rum, die Flasche Rum!" des einheimischen Street-Art-Meisters Ro.Ro. Ein buntes Graffiti, das an die Zeit der Piraten erinnert, die der Künstler wie Playmobil-Figuren aussehen lässt. In der Calle Mequinez 68 fällt „Sex, das Kind der Farben" des spanischen Künstlers Raúl Ruiz ins Auge, und 3ttman aus Frankreich porträtiert in seinem farbenfrohen Werk „Die Magier" in abstrakter Bildsprache eine kanarische Bauernfamilie.

Inzwischen lädt die Stadtverwaltung regelmäßig neue Künstlerinnen und Künstler ein, das Portfolio zu erweitern. Nach einer Corona-bedingten Pause entstand 2022 das neueste Kunstwerk während des Mueca-Festivals: „Los Fundadores" (Calle San Felipe) des Ukrainers Aleksei Bordusov, der auch unter dem Namen AEC – Interesni Kazki – bekannt ist. Inzwischen ist die Entstehung der Werke, für die die Künstler oft mehrere Tage auf einer Hebebühne verbringen, ein Event begleitet von vielen Schaulustigen. Neben den großen Wandbildern findet man inzwischen auch viele kleine Werke, die Freude in den Alltag bringen – von bunten Müllschluckern bis zu schiefen Zebrastreifen. Für die Ewigkeit sind die Kunstwerke leider nicht bestimmt, denn Wind, Wetter und Sonne nagen an den Farben.

TIPP

Eine Lieblingsbar im Viertel, oft mit Live-Musik, ist die Agora Bar & Café (Plaza Benito Perez Galdos 6).

● La Ranilla, 38400 Puerto de la Cruz

● ÖPNV: Stadtbus 102, 103, 30, 351, 363, Haltestelle Plaza del Charco

Industrienostalgie

59 Die Casa Hamilton bei Los Realejos

Ein wildromantischer „Lost Place“ ist die Casa Hamilton, die noch dazu an einem der schönsten Flecken der Nordküste liegt. Der eigentliche Name der Industrieruine, die einst das Maschinenhaus eines Wasserkraftwerks war, lautet „El Elevador de Aguas de Gordejuela“ (Aufzug der Quelle von Gordejuela), und der Begriff Aufzug trifft das Konzept ganz gut. Auf dem Gelände betrieb man die erste Dampfmaschine Teneriffas, die Süßwasser aus einer nur wenige Meter oberhalb des Meeresspiegels entspringenden Quelle nach oben beförderte. Jeder kennt den Komplex seit jeher als Casa Hamilton – benannt nach der britischen Familie, die die Anlage 1903 erbauen ließ. Das Wasser, das der Bewässerung von Bananenplantagen im Orotavatal diente, musste 200 Meter Höhenunterschied überbrücken. Technisch extrem aufwändig. Entsprechend hoch waren Bau- und Betriebskosten. Als dann auch noch die Bananenpreise sanken, hatte die Firma Hamilton ein Problem. Wenige Jahre nach Inbetriebnahme ging ihr ganz einfach das Geld aus. Auch der Käufer konnte das Kraftwerk nicht in die Gewinnzone bringen, 1919 bereits stellte es seinen Dienst gänzlich ein. So rottete das stolze Bauwerk vor sich hin.
Eine Treppe führt nach unten, die allerdings seit Jahren gesperrt ist. Aber auch oder gerade von oben ist der Anblick faszinierend.

Ein traumhafter Wanderweg führt von der Siedlung Romantica 1 bei Los Realejos an der Casa Hamilton vorbei in Richtung Mirador San Pedro – eine der schönsten Wanderungen, die man auf Teneriffa machen kann. Sie dauert rund drei Stunden hin und zurück, aber Fotofans brauchen deutlich länger. Die Casa ist nämlich nicht das einzige geniale Fotomotiv. Immer wieder warten grandiose Blicke auf Felsbuchten mit Wolfsmilchgewächsen, Bananenplantagen und den tosenden Atlantik. Am Ziel gibt es Weitblick auf die andere Seite der Küste bis nach Puerto de la Cruz. Ein Panorama, das man bei einer Einkehr wunderbar genießen kann.

TIPP

Blick gut, Küche gut, alles gut: Restaurante Mirador San Pedro (Camino de San Pedro norte de Tenerife).

- Casa Hamilton, Calle Romantica Explanada 26, 38418 Los Realejos
- ÖPNV: ab Puerto de la Cruz Bus 108, 352, 353, 363, Haltestelle La Longuera (10 Minuten Fußweg)

Altbewährtes Kraftfutter

60

Die Gofio-Mühle in La Orotava

Das einstige Mühlenviertel von La Orotava liegt nicht weit von der berühmten Casa de los Balcones entfernt an der steilen Gasse, die man lieber hinab- als hinaufsteigt. Bis vor einigen Jahrzehnten drehten sich hier noch zehn Mühlen, die alle an einer Wasserleitung hingen. Eine Mühle ist übrig geblieben: die Molino de Gofio La Máquina. Schon im Hof duftet es nach frisch geröstetem Getreide und das Aroma lockt in die traditionelle kleine Mahlstube, wo wie vor 300 Jahren Gofio gemahlen wird. Das geschieht allerdings nicht mehr wie anno dazumal mit Wasserkraft, sondern mit einer Elektromühle. Doch was ist eigentlich Gofio? Ein Mehl aus geröstetem Getreide – traditionell aus Gerste, heute eher aus Mais, Weizen oder Hafer –, das man mit Flüssigkeit zu Brei verrührt. Das Kanarenfrühstück par excellence, das es allerdings auf kaum einem Hotelbuffet gibt.

Gofio war Grundnahrungsmittel der Altkanarier, die das Getreide in Tonkrügen rösteten, bevor es gemahlen und mit Ziegenmilch, Ziegenkäse oder Fett vermischt wurde. Eine einfache, nahrhafte Speise, die man problemlos mit aufs Feld nehmen konnte. Gofio blieb auch unter spanischer Herrschaft verbreitet und verschwand nie ganz aus der kanarischen Hausmannskost. Als Gofio Escaldado wird es mit Kräutern und Zwiebeln serviert, es reichert Suppen und Eintöpfe an und sorgt für einen leicht rauchigen Geschmack. Zu Mousse verarbeitet ist es eine schmackhafte Süßspeise und mit Honig, gemahlenen Mandeln und Rosinen verknetet wird daraus ein Energieriegel. Seit einigen Jahren erlebt Gofio ein kleines Revival, und auch in der gehobenen Gastronomie kommt die Arme-Leute-Speise inzwischen zum Einsatz. In der Molino de Gofio La Máquina gibt es für wenig Geld das Wundermehl aus Mais, Weizen oder Hafer zum Mitnehmen – aromatisiert mit Schokolade, Zimt oder Vanille. Als Urlaubsmitbringsel prima wie auch das Gofio-Gebäck.

TIPP

Gofio ist vielfältig einsetzbar. Unbedingt einmal Gofio-Eis in einer Eisdiele probieren!

- Molino de Gofio La Máquina, Calle del Colegio 3, 38300 La Orotava
- ÖPNV: ab Puerto de la Cruz Bus 101, 108, Haltestelle Ayuntamiento

Molino de Gofio
Ingredientes:
millo, trigo, sal y canela
Ingredients:
Wheat, Corn, Salt and Sinnamon
Gofio con canela
LA MAQUINA
MOLINO DE GOFIO
GOFIO DE ESPELTA
30.--06-22
LA MAQUINA
10.06.22
10.06.22
MAQUINA
MOLINO DE GOFIO
Sin Gluten
Gofio de Millo
Molino de Gofio
MOLINO DE GOFIO
Gofio de Millo
LA MAQUINA
Molino de Gofio
Ingredientes:
millo, trigo, sal y cacao
Ingredients:
Wheat, Corn, Salt and cocoa
10.06.22
Choco Gofio
C/ Colegio, 3 - La Orotava
Tfno: 922 33 07 03 - Tenerife
LA MAQUINA
C/ Colegio, 3 - La Orotava
Tfne: 922 33 07 03 - Tenerife
GOFIO DE MILLO
300 GRAMOS 2,00€
GOFIO DE MEZCLA
300 GRAMOS 2,00€

Afrika auf den Kanaren

61

Der Mercado Nuestra Señora in Santa Cruz

Obst und Gemüse in allen Farben und Formen, dazu Backwaren, Käse, Schinken, Wein, Honig, Inselspezialitäten wie die Kanaren-Gewürzpaste Mojo, Kaktusmarmelade, Ziegenkäse in der Queseria del Mercado oder Kräuter aus der Herboristeria Mil Variedades: 140 Stände umwerben auf dem Hauptstadtmarkt von Santa Cruz die Besucher und bieten ein Feuerwerk an Düften und Aromen. Wie gut, dass der Mercado Nuestra Señora de Africa allen Krisen trotzte und nach wie vor kulinarischer Hotspot der Inselhauptstadt ist. Seit 1944 lockt eine Marktfrau aus Bronze Besucher durch ein imposantes Tor ins Gebäude im neokolonialen Stil. Mit seinen Innenhöfen verströmt es ein bisschen Afrika-Flair. Nicht zufällig, denn der Markt ist nach Nuestra Señora de Africa, der Schutzpatronin der spanischen Enklave Ceuta in Marokko, benannt. Eine winzige Skulptur der Jungfrau steht im Markt gegenüber der Inselheiligen, der Jungfrau von Candelaria. In der Anfangszeit fand der gesamte Lebensmittelhandel der Insel in und um den Markt herum statt. Als in den 1980er- und 1990er-Jahren auch auf Teneriffa die Supermärkte wie Pilze aus dem Boden schossen, schien er hoffnungslos veraltet und erlebte eine tiefe Krise. Inzwischen ist er wieder angesagt bei Gastronomen genauso wie bei Hobbyköchen, vor allem die Fischabteilung im Untergeschoss ist umlagert. Frischer bekommt man Atlantikfisch und Meeresgetier wie Garnelen oder Jakobsmuscheln schließlich nirgends. Wer Urlaub in einer Ferienwohnung macht, kann sich hier mit lauter Köstlichkeiten fürs Abendessen eindecken. Urlauber ohne Küche können an mehreren Ständen probieren – Fischtapas im Untergeschoss zum Beispiel. Wer in die Marktatmosphäre eintauchen möchte, kommt morgens, wenn die Waren angeliefert werden und die Tinerfeños mit Einkaufstaschen unterwegs sind. Und am besten macht man es wie die Einheimischen und kehrt vor oder nach dem Marktbummel in einer der kleinen Bars rund ums Marktgebäude ein zum Frühstück oder auf einen Mittagssnack und genießt die geschäftige Atmosphäre.

TIPP

Der Montag ist keine gute Wahl für den Marktbesuch, dann sind viele Stände geschlossen.

- Mercado Nuestra Señora de Africa, Avenida de San Sebastian 51, 38003 Santa Cruz
- ÖPNV: ab Puerto de la Cruz Bus 103, Haltestelle Meridiano

RECOVA
Tenerife
VESTRA · SEÑORA · DE · AFRICA
TRADICIONALMENTE
BIENVE

62

San Juan de la Rambla

Ein Platz mit einer Kirche oder eher eine Kirche mit einem Platz davor? Die Iglesia San Juan Bautista, die die Gründer des Ortes im 16. Jahrhundert errichteten, macht sich auf der Plaza María Rosario Hernández Oramas ganz schön breit. Eine schlichte, würdevolle Dorfkirche. Dahinter liegt ein altkanarischer Ort wie aus dem Bilderbuch. Nur wenige Besucher nehmen von der Hauptstraße zwischen Puerto de la Cruz und Icod de los Vinos den Abzweig nach San Juan de la Rambla. In klassischen Reiseführern bekommt der stille, unaufgeregte kanarische Ort wenig Aufmerksamkeit, weil Top-Attraktionen fehlen und so gehört er immer noch den Einheimischen.
Hier scheint die Zeit stehengeblieben zu sein. Bereits zu Beginn der Kolonialisierung bauten Einwanderer vom Festland hier die ersten Häuser. Die Gegend war fruchtbar, perfekt für die Landwirtschaft und noch heute sind viele Bewohner der Gemeinde Bauern. Rund um die Kirche dominieren weiß getünchte Häuser, in denen einst die High Society des Ortes lebte. Charakteristisch ist der kanarische Baustil mit dicken Mauern aus Bruchstein und aufwändig geschnitzten Balkonen, die man aus dem Holz der Kanarischen Kiefer schreinerte. Das trotzte am besten den Witterungsverhältnissen und war wichtigstes Baumaterial für Schiffe, Windmühlen, Weinfässer und eben beim Hausbau. Von außen nicht sichtbar sind die Patios, die Innenhöfe, die im Sommer ein Wohnzimmer im Freien waren. Vom Hauptplatz zweigt die Calle de La Alhóndiga ab – mit alten Pflastersteinen und abgeblättertem Putz an Mauern und Häusern, die pinkfarbene Bougainvillea üppig überwuchern. Ein Wunder, dass Instagrammer hier noch nicht Schlange stehen. Am besten lässt man sich einfach treiben. Der Fernseher dröhnt aus der Bar an der Straße, wo ein paar Gäste in ihren Kaffeetassen rühren. Dann ist schon das Meer zu sehen und zu hören. Am Ende der Calle La Marina dringt Kinderlachen aus einer Schule. Die haben tatsächlich gut lachen, mag mancher Besucher denken. Sie haben nämlich Klassenzimmer mit Meerblick.

TIPP
Im Centro Cultural Tabaiba kann man bei Snacks und Kaffee das Dorfleben vorbeiziehen lassen.

- Centro Cultural Tabaiba, Avenida la Libertad 2, 38420 San Juan de la Rambla
- ÖPNV: ab Puerto de la Cruz Bus 363, Haltestelle San Juan de la Rambla

Pflanzen-Dinosaurier

63

Der Drachenbaum von Icod de los Vinos

Drago (Drachenbaum) nennen die Kanarier die charakteristischen Inselbäume, die ein bisschen an überdimensionale Brokkoli-Köpfe erinnern. Sie gehören zu den Kanaren wie Eichen oder Buchen zu Deutschland. Der botanische Name (Dracaena draco) stammt von Carl von Linné, der sich von Legenden leiten ließ: Wie das Haupt eines Drachen nämlich wachsen abgeschlagene Äste des Drachenbaums nach. Außerdem sondern die Dragos beim Anritzen „Drachenblut" ab – das Baumharz verfärbt sich durch Sauerstoff rot. Die Guanchen, die kanarischen Ureinwohner, nutzten es zur Einbalsamierung der Toten. Im Mittelalter hoffte man, damit Lepra heilen zu können und verwendete den Saft zum Färben und gegen Zahnschmerzen. Ein ganz besonderer Baum also, der – weil so heiß begehrt – fast ausgestorben wäre. Wie gut, dass er heute unter Naturschutz steht.

Als Botanik-Laie würde man die Drachenbäume möglicherweise zu den Palmen zählen, sie gehören aber botanisch zu den Liliengewächsen. Oder doch zu den Agavengewächsen, wie einige Forscher vermuten? Sicher ist, dass die jungen Bäume, die keine Bäume sind, wenig attraktiv als kahle Stämme in den Himmel ragen. Erst im Alter von etwa zehn Jahren beginnen sie zu blühen und sich zu verzweigen, bis sich ihre grüne Krone zu voller Schönheit entfaltet. Die Dragos sind zwar nicht unsterblich wie Drachen, können aber steinalt werden. Hunderte, ja sogar tausende von Jahren können sie überleben. Als ältester Drago der Kanaren gilt der „Drago Milenario" in Icod de los Vinos. 1000-jährig soll er sein, suggeriert der Name. Tatsächlich ist er wohl zwischen 400 und 800 Jahre alt, vermutet man heute. Sein wahres Alter hält er jedoch geheim, denn er bildet keine Jahresringe zum Nachzählen. Auf jeden Fall ist der Drago von Icod ein Riese – 17 Meter hoch, mit einem Stammumfang von 6 Metern. Eine Schönheit ist er außerdem und seit 1917 auch nationales Denkmal. Damit er noch lange Freude macht, hat man zu seinem Schutz vor rund 20 Jahren einen Park rundherum angelegt.

TIPP

Ein Drachenbaum-Fotospot ganz ohne Eintritt ist die Terrasse gegenüber der Kirche San Marcos.

- Parque del Drago, Plaza de la Constitución 1, 38430 Icod de los Vinos
- ÖPNV: ab Buenavista del Norte oder Puerto de la Cruz Bus 363, Haltestelle Príncipe De España

Wie auf einem anderen Stern

64

Am Mirador Minas de San José

Eine rostrote, ockerfarbene und cremefarbene Felswüste ist die charakteristische Landschaft des Teide-Nationalparks. Am Mirador Minas de San José, der am Fuße der Montaña Rajada liegt, blickt man auf eine Mondlandschaft, die in der Vormittagssonne in zartem Grün schimmert. Wie auf einem anderen Stern. Das müssen sich auch die Location-Scouts aus Hollywood gedacht haben, als sie die Region für den Fantasy-Film „Kampf der Titanen" auswählten, der 2010 in die Kinos kam. Manch einem Kinofan mag die Kulisse bekannt vorkommen.

Sieht die Landschaft aus der Ferne auch wie eine Sandwüste aus, besteht sie tatsächlich aus lauter feinkörnigen Bimssteinen, die unter den Sohlen knirschen. Geologen sprechen von Pyroklasten, die bei einer Eruption der Montaña Blanca hier als Steinregen auf die Erde prasselten. Einfach mal einen Stein in die Hand nehmen und reiben. Die porösen Bimssteine sind so leicht, dass sie auf dem Wasser schwimmen. Nur nicht mitnehmen, das Gestein des Nationalparks muss an Ort und Stelle bleiben. Das sah man bis 1981 anders. Im Tagebau baute man Bimsstein ab, den man vielfältig in der Industrie und auf dem Bau nutzte – als Schleif- und Poliermittel, aber auch für Handwaschpasten zum Beispiel.

Immer wieder durchbrechen bizarre Lavagebilde die Bimssteinwüste, die das Gesamtkunstwerk komplett machen und für tolle Fotomotive sorgen. Mehrere Wanderwege beginnen hier, auf denen man tiefer in die faszinierende Landschaft eintauchen kann und sie dabei oft für sich allein hat. Auf der anderen Straßenseite ragt der Gipfel des Teide empor – kein Wunder, er ist ja weit und breit der größte. Wenn ihn nicht gerade eine Schneekuppe bedeckt, kann man Lavaschichten unterschiedlicher Ausbrüche erkennen, die ihn im Laufe der Jahrtausende in die Höhe wachsen ließen. Wie die verschiedenfarbigen Schichten einer Torte. Das letzte vulkanische Großereignis auf Teneriffa liegt übrigens mehr als 100 Jahre zurück – zehn Tage lang spuckte 1909 der Chinyero an den Westhängen der Caldera.

TIPP

Nicht weit vom Aussichtspunkt liegt das Besucherzentrum El Portillo mit einer spannenden Ausstellung.

- Besucherzentrum El Portillo, TF-21, Kilometerpunkt 32,1, 38300 La Orotava
- ÖPNV: ab Costa Adeje Bus 342, ab Puerto de la Cruz Bus 348, Haltestelle Mirador Minas de San José

Weitblick

65 Auf dem Turm der Iglesia de La Concepción in La Laguna

Die älteste Kirche von La Laguna, die auf das 16. Jahrhundert zurückgeht, liegt im Herzen der Stadt – an der Plaza de la Concepción. Daneben ragt der siebengeschossige Kirchturm auf. Wer die steilen Stufen hinaufklettert, wird belohnt mit einem grandiosen Blick. Aus dem Glockenstuhl blickt man auch auf die Geschichte der Stadt, die offiziell San Cristóbal de La Laguna heißt. Wenige Jahre nachdem Christopher Kolumbus in der Neuen Welt gelandet war, gliederte Alonso Fernández de Lugo Teneriffa als letzte Kanareninsel dem spanischen Königreich ein. Er wurde erster Gouverneur der Insel und gründete die Siedlung La Laguna, die wenige Jahre später Teneriffas Hauptstadt wurde.

Direkt unter dem Turm liegt das Herz der Stadt, deren Grundriss man aus der Höhe gut erkennen kann. Anders als die älteren Städte auf dem Festland zwängte man La Laguna – eine Stadt der frühen Neuzeit – nicht in das Korsett einer Stadtmauer, sondern legte es schachbrettartig an mit breiten, luftigen Straßen – ein Vorbild für Kolonialstädte wie Havanna oder Cartagena. Bewusst hatte man den Standort für die Niederlassung gewählt – in einem fruchtbaren, wasserreichen Hochtal weit genug von der Küste entfernt, um vor Piratenüberfällen geschützt zu sein. Der Name „La Laguna“ leitet sich ab von der Süßwasserlagune, die praktisch für die Bewässerung war, aber nicht nur Segen brachte. Man schüttete sie schließlich zu, um die Malaria einzudämmen. Die Hauptstadtwürde ging im frühen 18. Jahrhundert verloren – zugunsten der Nachbarstadt Santa Cruz, deren Hafen an Bedeutung gewann. La Laguna mit seinen Kirchen, Klöstern und Adelspalästen blieb aber führend bei Kultur und Bildung.

TIPP
Im Café im Innenhof der Casa Museo Cayetano Gómez Felipe einkehren.

Alle 15 Minuten tönen die Kirchenglocken – tatsächlich ohrenbetäubend. Dann ist Zeit, die Stufen wieder hinabzusteigen und den Altstadtspaziergang fortzusetzen. Doch zuvor lohnt noch ein Blick in die Kirche mit ihrer wunderbaren Holzdecke und einem historischen Kleinod: das Taufbecken, in dem die Spanier die unterworfenen Guanchen tauften.

● Iglesia de La Concepción, Plaza de la Concepción 10, 38201 La Laguna
● ÖPNV: ab Puerto de la Cruz Bus 103, Haltestelle El Risco

Spritztour

66 Walbeobachtung in Las Galletas

„Wale und Delfine leben hier wie im Fünfsternehotel", erzählt der Meeresbiologe und Gründer der nachhaltigen Organisation Biosean Misael Morales Vargas, der den Gästen seiner Walbeobachtungstouren die Lebenswelt der Meeressäuger vor Teneriffas Südwestküste zeigt. In der geschützten Küstenzone Teno-Rasca, wo die Meeresstraße zwischen Teneriffa und La Gomera sehr tief ist, finden Wale und Delfine Nahrung in Hülle und Fülle. Wegen der idealen Bedingungen leben zwei Arten – Kurzflossen-Grindwale und Große Tümmler – hier permanent. Insgesamt 26 Arten, ein Drittel aller Wale weltweit, kann man mit ein bisschen Glück beobachten, wenn sie auf ihrer Durchreise vorbeischauen. Beste Bedingungen fürs Whale Watching also.

Misael kennt die Lieblingsplätze der Wale und Delfine und nähert sich ihnen mit seinen Kleingruppen behutsam an. Nach zehnminütiger Fahrt tauchen die ersten Grindwale auf – eine Gruppe von 10–12 Tieren. Auf der Jagd nach Tintenfischen, ihrer Lieblingsspeise, können sie 25 Minuten unter Wasser bleiben und bis zu 100 Meter tief tauchen. Misael hat den Motor abgestellt, um die Tiere nicht zu erschrecken. Entspannt und angstfrei gleiten sie neben dem Boot her. Auch Große Tümmler gibt es unterwegs reichlich zu sehen. Die Zugabe: Fleckendelphine, die höchst kommunikativ sind und das Boot eine ganze Weile begleiten. Anders als die stillen Grindwale vollführen sie Luftsprünge, als wollten sie den Besuchern ihres Reviers eine Show bieten. Misael will beweisen, dass sie inzwischen permanent in Teno-Rasca leben. In erster Linie ist er nach wie vor Forscher, der jede Fahrt protokolliert und Daten für Forschungseinrichtungen sammelt. Wie viele Tiere tauchen wo auf? Wie interagieren sie mit dem Menschen? Wie beeinflusst der Tourismus ihren Lebensrhythmus? Fotos werden gemacht, akustische Daten gesammelt. Per Unterwassermikrofon gibt es Live-Sounds aus dem Meer, und der Biologe erklärt, wie die Tiere mit Pfeif- und Klicklauten kommunizieren. Ein Erlebnis, das noch lange nachklingt.

TIPP

Biosean bietet auch private Touren mit Schnorchelgelegenheit an.

● Walbeobachtung in Las Galletas
Biosean, Marina del Sur, Pier 4, 38631 Las Galletas, Tel. +34 (6 47) 94 99 64
www.biosean.com
● ÖPNV: ab Adeje Bus 467, Bahnhof La Paz in Las Galletas

Geschütztes Naturparadies

67

Der Barranco del Infierno bei Adeje

Ein Ort, der nicht von dieser Welt ist: der Barranco del Infierno, die Teufelsschlucht, an der die Kraft des Wassers Millionen Jahre gearbeitet hat. Der Name trügt allerdings, denn im Naturschutzgebiet von Adeje, im trockenen Südwesten Teneriffas, fühlt man sich eher wie im Paradies als in der Hölle. Nur zu Fuß kann man die Schlucht auf einer Wanderung erkunden, die zu den spektakulärsten auf der Insel zählt. Dauert sie auch 2,5–3 Stunden – mit durchschnittlicher Kondition ist sie problemlos machbar. Um das Naturjuwel zu schützen, steht der Wanderweg nur 300 Personen am Tag offen, und ein Besuch muss im Voraus angemeldet werden. Ein geringer Obolus ist zu entrichten und Schutzhelme werden verteilt, weil es immer wieder zu Steinschlag kam. Dann kann es losgehen.

TIPP
Unterwegs gibt es keine Einkehr, Stärkung wartet im Restaurant Otelo, am Eingang der Schlucht.

Auf einem ehemaligen Hirtenwanderweg, gesäumt von Kakteen und Wolfsmilchgewächsen, läuft man zunächst auf der Sonnenseite am Hang entlang. Unterwegs laden immer wieder Aussichtspunkte zum Verschnaufen, Genießen und Schauen ein. Es warten tolle Fotomotive und Infotafeln erläutern Naturphänomene, stellen charakteristische Pflanzen und Tiere wie die Kanareneidechse vor, die hier leben. Auf dem gut ausgebauten Wanderpfad geht es mal rauf, mal runter. Unterwegs finden sich auch Spuren menschlicher Kultivierung. Guanchen, die Ureinwohner der Insel, nutzten wohl schon das Wasser der Schlucht. Später führte man es auf einer teils halsbrecherischen Route durch eine Wasserleitung bis Adeje. Überreste des Meisterwerks der Ingenieurskunst begleiten den Weg. Esskastanien und Feigen erinnern an landschaftliche Nutzung. Hinter einer Engstelle, die den Namen „Zange“ nicht zufällig trägt, sprudelt den Wanderern ein Bach entgegen. Nun säumen Farne den Weg, es wird feuchter und kühler. Endstation Sehnsucht ist ein Wasserfall, der weltentrückt – umgeben von hohen Felswänden – in einen Gumpen rauscht. Hier endet der Weg. Zeit für eine entspannte Pause, bevor es zurück nach Adeje geht.

- Barranco del Infierno, Calle de los Molinos 46, 38670 Adeje
- ÖPNV: ab Costa Adeje Bus 473, Bahnhof Adeje (10 Minuten Fußweg)

Tropenpracht

68

Im Jardín Botanico

Es ist einfach zu heiß für den Strand oder eine Wanderung? Dann ab in den Botanischen Garten in Puerto de la Cruz, wo man unter schattenspendenden Baumriesen wunderbar spazieren gehen kann! Nicht nur für Botanikfreunde eine Drei-Sterne-Sehenswürdigkeit und eine grün-bunte Insel des Glücks. Teneriffa verzaubert vor allem entlang der Nordküste mit üppigem Grün. Doch viele der Pflanzen, die heute so selbstverständlich hier gedeihen, stammen ursprünglich aus den tropischen Regionen der Welt. Was heute der Botanische Garten ist, wurde 1788 im Auftrag des spanischen Königs Karl III. höchstpersönlich als Akklimatisierungsgarten angelegt, um tropische und subtropische Pflanzen aus den Kolonien langsam ans europäische Klima zu gewöhnen. Nach einer gewissen Eingewöhnungszeit wollte man sie aufs spanische Festland verschiffen. Doch anders als im ewigen Frühling der Kanaren gediehen sie dort nicht, und so blieben die Einwanderer aus den Tropen auf Teneriffa.

TIPP

Eine sehenswerte Filiale ist der Hijuela del Botánico in La Orotava.

Die winzigen Setzlinge sind rund 250 Jahre später zu Riesen herangewachsen. Wahre Prachtexemplare kann man beim Gartenspaziergang bestaunen, für den man sich Zeit nehmen sollte. Auf mehr als 20 000 Quadratmetern kann man 5000 Pflanzenarten aus fünf Kontinenten bestaunen. Superstar des Gartens ist zweifellos die gigantische Würgefeige mit mächtigen Luftwurzeln, die – im Boden verankert – gewaltige Säulen bilden. Aber auch Palmen aus aller Welt, Baumfarne aus Neuseeland, der afrikanische Leberwurstbaum, mächtige Araukarien oder der Jackfruchtbaum mit den größten Früchten der Welt sind Publikumslieblinge. Dazwischen sorgen tropische Blütensträucher und -bäume – Helikonien, Korallenbäume, Engelstrompeten oder der Afrikanische Tulpenbaum – für Farbenpracht. Wunderbar angelegte Wege, Plätze mit Seerosenteichen, in denen sich Schildkröten tummeln, und schattige Bänke zum Entspannen unter Baumwipfeln machen den Ausflug zum reinen Vergnügen.

- Jardín Botánico, Calle Retama 2, 38400 Puerto de la Cruz
- ÖPNV: Stadtbus 351, Haltestelle Jardín Botánico

Wellenreiter

69 Die Playa de El Socorro bei Los Realejos

El Socorro ist nicht unbedingt der Top-Strand für Sonnenanbeter. Liegestühle und Sonnenschirme sucht man am schwarzen Sandstrand an der Steilküste Nordteneriffas vergeblich. Aber er gehört zu den Lieblingsstränden der Surfer, die hier tolle Wellen, eine coole Atmosphäre und eine perfekte Infrastruktur für ihren Sport vorfinden. Surfen ist Trendsportart, aber man muss gar nicht selbst aufs Brett steigen, um der Faszination des Wellenreitens zu erliegen. Allein das Zuschauen und Mitfiebern ist ein Genuss. Wie Raubfische lauern die Surfer in ihren Neoprenanzügen im Wasser und warten auf die Welle und den richtigen Moment, sich aufs Brett zu schwingen. Ein faszinierendes Spektakel.

Wahrscheinlich erfanden bereits 2000 v. Chr. Polynesier das Wellenreiten. Ihre einfachen Holzbretter hatten wenig mit der High-Tech-Ausrüstung der heutigen Surfer gemeinsam, an der Herausforderung an sich hat sich seit den Anfängen im fernen Polynesien aber nichts geändert: Der Ozean ist unberechenbar und bietet reichlich Adrenalinkicks. Für ein paar Momente zumindest will jeder Surfer die Wellen, die ungestüm heranrollen, bezwingen und mit elegantem Hüftschwung sein Brett manövrieren. Teneriffa bietet beste Bedingungen mit beständigem Klima, einer soliden Wassertemperatur um die 20 °C und tollen Surferstränden für Anfänger wie für Profis.

El Socorro ist vor allem im Winter ein Platz für Könner, mancher Besucher trainiert hier für Wettbewerbe. Gerade das macht den Strand auch aus Zuschauerperspektive lohnend. Der Strand ist vor allem beliebt bei Einheimischen, die nach Feierabend und am Wochenende hierherströmen. Wer keinen Rummel mag, kommt deshalb am besten tagsüber unter der Woche, dann gibt es aber auch weniger Surfer zu bewundern. Wer es selbst einmal wagen möchte: Es gibt eine kleine Surfschule mit Surfbrett-Verleih. Aber auch schwimmen ist am El Socorro möglich. Die Blaue Flagge garantiert beste Wasserqualität. Surfen kann man hier aber auch im Internet an Teneriffas einzigem Strand mit freiem WLAN.

TIPP

Die Strandbar El Socorro bietet kleine Gerichte und Erfrischungen mit tollem Strandblick.

- Playa de El Socorro, Carretera general del Norte (C-820), 1357 Los Realejos
- ÖPNV: ab Puerto de la Cruz Bus 363, Haltestelle El Socorro

Made by nature

70 Die Roques de García im Teide-Nationalpark

Die Künstler, die hier ihr Meisterstück schufen – einen Skulpturenpark aus Vulkangestein –, hießen Wind, Regen und Eis. Mehr als eine Million Jahre meißelten die Kräfte der Erosion an den Roques de García, einer Kette von Felsformationen, die die Caldera als natürliche Barriere in zwei Hälften teilen. Wie ein mahnender Zeigefinger reckt sich die Felsnadel Roque Cinchado vor der Kulisse des Teide in die Höhe – das rostrote, bizarr geformte Wahrzeichen des Nationalparks. Der Fels sieht aus, als würde er ein bisschen wackelig auf einem Bein balancieren. Weil seine unteren Schichten weicher als die oberen sind, wie Geologen herausfanden, konnten die Naturgewalten das Fundament aushöhlen. Eines Tages wird er wohl einfach umstürzen, aber das dauert hoffentlich noch eine Weile, denn der charaktervolle Roque ist zweifellos ein Kraftort.

Wer früh am Morgen oder am Spätnachmittag kommt, wenn die Urlauber von der Küste noch nicht eingetroffen oder schon wieder auf dem Heimweg sind, hat ihn mit ein bisschen Glück für sich allein. Die meisten Besucher drehen dem Roque Cinchado, der nur wenige Fußminuten vom Parkplatz am Parador entfernt liegt, nach dem obligatorischen Selfie sowieso wieder den Rücken zu. Es lohnt sich aber unbedingt, die Roques de García auf einer leichten zweistündigen Wanderung zu erkunden. Dafür folgt man vom Parkplatz aus dem Hinweisschild Sendero 3 und läuft am Roque Cinchado vorbei auf einem Weg, der nun leicht ansteigt. Wenn der Abstieg in die Ucanca-Ebene beginnt, immer mal wieder umschauen und die grandiose Felsszenerie in Rostbraun, Ocker und Grüntönen bewundern. Unterwegs gibt es faszinierende Lavaformationen zu entdecken und manchmal Eidechsen beim Sonnenbad. Rund geschliffene Felsen sind wunderbare Picknickplätze. Gegen Ende der Wanderung strebt der Felsmonolith El Catedral (Kathedrale) ehrwürdig wie eine gotische Kathedrale aus Lava 100 Meter in die Höhe. Dahinter schlängelt sich der Weg bergauf zum Kraterrand und zum Mirador de La Ruleta für einen letzten Postkartenblick.

TIPP

Das Terrassencafé des Paradors ist ein aussichtsreicher Platz für die Einkehr nach der Wanderung.

● Roques de Garcia, nahe dem Parador Nacional de las Cañadas del Teide, Cañadas del Teide, 38300 La Orotava
www.parador.es/de/paradores/parador-de-las-canadas-del-teide
● ÖPNV: ab Costa Adeje Bus 342, ab Puerto de la Cruz Bus 348, Haltestelle Parador del Teide

Gute Tropfen

71 Das Weingut Zanata in La Guancha

Schwer und süß waren die ersten Inselweine im 16. Jahrhundert – dem Geschmack der Zeit entsprechend. Sie kamen beim europäischen Adel bestens an, und Wein aus Teneriffa wurde zum Exportschlager. Ab Mitte des 17. Jahrhunderts brach der Absatz immer mehr ein und der Weinanbau führte auf der Insel der Bananen fortan nur noch ein Nischendasein. Einfache Landweine produzierten Bauern für den Hausgebrauch, die besseren Tropfen kamen vom Festland. Das hat sich längst geändert, wie José Carlos Perez Perez in seiner Bodega erzählt. Das Familienweingut Viña Zanata in La Guancha, das er zusammen mit seiner Schwester betreibt, kann auf eine lange Tradition zurückblicken. Ab 1893 kelterte der Großvater in dem altkanarischen Haus Wein. Der Vater war wie so viele Bauern auf der Insel Winzer im Nebenerwerb und kelterte den klassischen Inselwein, der leicht und ein bisschen süßlich war. In den 1980er-Jahren begann die Inselregierung, den Weinbau zu fördern, und José Carlos gehörte zu den jungen Winzern aus Teneriffa, die die Chance bekamen, Weinbau auf dem Festland von der Pike auf zu lernen.

TIPP

Die Bodega ist von Montag bis Freitag von 8 bis 15 Uhr geöffnet. Am besten vorher per E-Mail anmelden.

In den kommenden Jahren verhalf die junge Generation dem Inselwein wieder zu Klasse und Renommee, und die Verleihung der geschützten Herkunftsbezeichnung (Denominacion de Origen, DO) besiegelte den Qualitätssprung. Raum zum Experimentieren gab es reichlich, denn unterschiedliche Mikroklimata sorgen auf Teneriffa für eine faszinierende Vielfalt an Reben und Weinen. Ärgerlich nur, dass die neuen Weine von Viña Zanata den alten Kunden des Familienweinguts nicht mehr schmeckten. Umso besser mundeten die trockenen Tropfen vielen Zuwanderern aus Mitteleuropa, und Mundpropaganda brachte schnell neue Abnehmer. Bis heute setzt die Familie erfolgreich auf Direktverkauf. Und tatsächlich – wer sich einmal im historischen Ambiente der Bodega durchs Sortiment probiert hat, kommt garantiert wieder, denn hier werden Weine mit Fachwissen und mit Herzblut gekeltert.

● Weingut Zanata, Calle El Sol 3, 38440 La Guancha
www.zanata.net

Am Lavapool

72

Der Charco de la Laja in San Juan de la Rambla

Die Nordküste Teneriffas ist wild und ungestüm, Baden im Meer nicht jedermanns Sache. Kein Wunder, dass viele Orte Schwimmbecken an der Küste gebaut haben, in denen Urlauber wie Einheimische gefahrlos ihre Runden drehen können. Eine Besonderheit aber sind die Charcos, natürliche Felsenpools – durch Lavafluss entstanden –, die die Atlantikwellen immer wieder mit Frischwasser füllen. Charco heißt „Pfütze", und tatsächlich haben die Pools ein bisschen Ähnlichkeit mit überdimensionalen Regenwasserpfützen. Einige von ihnen sind groß genug zum Schwimmen – kleine Badeparadiese mit kristallklarem Wasser. Bei ruhiger See glitzert das Wasser in den Charcos verheißungsvoll in der Sonne und lädt zum Schwimmen ein. Bei Flut und vor allem im Winter schwappen die Wellen allerdings oft so ungestüm gegen den Fels, dass Baden lebensgefährlich ist. Eine Urgewalt.

Entlang der Küste zwischen Buenavista del Norte und Punta de Hidalgo gibt es reichlich Lavapools, und wohl jeder Tinerfeño hat seinen Lieblingsbadeplatz. Ein Favorit ist der Charco de la Laja in San Juan de la Rambla. Man erreicht ihn beim Ortsbummel über die Avenida José Antonio und die Calle de los Sabandeños, die an einem Aussichtspunkt endet. Salz in der Luft, das Donnern der Wellen im Ohr – noch bevor man das Meer sieht, hört man es. Dann öffnet sich ein grandioser Blick über die lavaschwarze Küste vorm Blau des Atlantiks. Über eine Treppe geht es zum Badeplatz, und dann sondiert man zuerst die Lage. Badewetter oder eher nicht? Wenn die Becken abgesperrt sind und die rote Flagge weht, ist das Badeverbot unbedingt zu respektieren. Ein Ausflug zum Charco de los Lajos lohnt aber bei jedem Wetter. An ruhigen Tagen sorgt ein Sprung ins Wasser für eine Riesenportion Lebensfreude. Danach das Handtuch ausbreiten und sich in der Sonne trocknen lassen. Himmlisch! Bei Wind und Wetter schwappt der Atlantik ungestüm ins Becken und bietet ein faszinierendes Schauspiel, dem man mit hüpfendem Herzen – und aus sicherer Entfernung – zuschauen kann.

TIPP

Fürs leibliche Wohl sorgen ein paar Café-Bars im Ort.

- Charco de la Laja, Calle de los Sabandeños
- ÖPNV: ab Puerto de la Cruz Bus 363, Haltestelle La Marina (kurzer Fußweg)

Kunst an der Küste

73 Die Skulptur Tensei Tenmoku in Garachico

Von der Muelle Viejo, der alten Hafenmole von Garachico, verschiffte man einst Handelsgüter wie Zuckerrohr und Wein in alle Welt. Nach dem Vulkanausbruch von 1706, als Lavaströme die Hafenanlagen unter sich begruben, versank Garachico in der Bedeutungslosigkeit. Heute steht an der Muelle Viejo eine Skulptur namens „Tensei Tenmoku" (Tür ohne Tür), die die Inselregierung beim japanischen Künstler Kan Yasuda bestellte. Er hatte für sein Werk eigentlich einen Standort in Santa Cruz ausgewählt, der den Stadtvätern jedoch nicht geeignet erschien. So landete das Kunstwerk in Garachico und fand an der Mole den perfekten Platz. Das zweiteilige minimalistische Objekt, 2002 eingeweiht, ist ein Eyecatcher an der Küste – der weiße Carrara-Marmor harmoniert bestens mit der schwarzen Lava und den Atlantikwellen. An Sommerabenden stehen junge Leute Schlange, um in den „Türen" für ihre Selfies zu posen, für die die Skulpturen den Rahmen geben. So gehen die Fotografen eine Verbindung mit dem Kunstwerk ein. Echte Volkskunst also.

TIPP
Auf der anderen Seite der Straße liegt die Eisdiele El Abuelo mit köstlichen Eisspezialitäten.

Eine weitere spannende Skulptur steht oberhalb von Garachico, am Aussichtspunkt El Emigrante (Der Auswanderer). Von dort hat man einen tollen Blick über den Ort, die Bucht und die kleine Felsinsel im Meer, das Wahrzeichen der Stadt. Der Aussichtspunkt gibt auch den Blick frei auf zwei Lavaströme am Berghang, die noch an den Ausbruch des Vulkans Arena Negra erinnern. Die Bronzestatue des einheimischen Bildhauers Fernando García Ramos, 1990 aufgestellt, ist eine Hommage an die zahlreichen Tinerfeños, die zu unterschiedlichen Zeiten die Insel verließen, um sich in der Ferne – meist in der Neuen Welt – eine bessere Zukunft aufzubauen. Der Auswanderer auf dem Podest zieht Koffer hinter sich her, die für alles stehen, was er zurückließ – Erinnerungen sicher, vielleicht auch die Familie oder die Liebste. In seiner Brust klafft ein großes Loch, denn ihr Herz ließen die Emigranten ganz sicher auf Teneriffa zurück.

- Tensei Tenmoku, 38460 Garachico
- ÖPNV: ab Buenavista del Norte oder Puerto de la Cruz Bus 363, Haltestelle Garachico

Wind und Wellen

74 Die Playa Benijo bei Taganana

Endstation Sehnsucht. Hier geht es tatsächlich nicht weiter. Die Playa Benijo ist nicht das Ende der Welt, aber das Ende der Landstraße, die sich durch den Naturpark Anaga im Nordosten Teneriffas schlängelt. Schon bei der Anfahrt warten hinter jeder der unzähligen Kurven neue spektakuläre Ausblicke und neue Perspektiven. Die grandiose Berglandschaft, in der kleine Dörfer wie hingetupft liegen, zieht jeden Besucher in ihren Bann. Und dann öffnet sich der Blick auf den Strand, der es auch schon in die weltweite Top-20-Liste schaffte. Weil sie so abgelegen und so wild ist, ist die Playa Benijo kein Ort, an dem sich die Massen tummeln. Es gibt keine Liegestühle und keine Strandbuden – nur Natur pur. Dennoch kommt man am besten unter der Woche, denn vor allem an Sommerwochenenden füllen sich Restaurants und Parkplätze schnell mit Ausflüglern aus der Hauptstadt.

Bei Ebbe spaziert man über feinen schwarzen Sand, der bei Flut verborgen ist. Wenn das Wasser zurückkehrt, muss man über die von der Brandung rund geschliffenen Steine balancieren. Hingucker und beliebte Fotomotive sind die charaktervollen Roques de Anaga – Felsinseln, die auf halber Höhe eindrucksvoll aus dem Wasser ragen. Bei Ebbe kann man baden – perfekt an heißen Tagen, die in dieser Ecke der Insel allerdings rar sind. Oft genug pustet der Wind wild und ungestüm und die Wellen locken vor allem Surfer an. Dann einfach in den Sand oder auf einen Felsen hocken und ihnen beim Tanz auf den Wellen zuschauen und sich eins fühlen mit der Natur. Magisch ist die Abenddämmerung in Benijo, wenn sich das Himmelsrot in den Wellen spiegelt und die Felsen als Silhouette aus dem Atlantik ragen. Wer lieber aus sicherer Entfernung aufs Naturschauspiel blickt, kehrt oberhalb der Küste im Restaurant El Mirador („Aussichtspunkt") ein. Der Name ist Programm, denn der Blick von der Terrasse aufs Meer ist herrlich.

TIPP

Unbedingt einen Abstecher ins Bergdorf Taganana mit seinen engen Gassen und urigen Bars machen.

● Playa de Benijo, Almaciga 10, Taganana
● ÖPNV: ab Santa Cruz Bus 946, Haltestelle Almaciga

Dorfschönheit

75

Die Plaza Doctor Pérez Cáceres in Vilaflor

Vilaflor, das höchste permanent besiedelte Dorf Spaniens in gut 1400 Meter Höhe, ist unspektakulär und gerade deshalb wunderbar entspannt. Im Winter kann es hier oben ganz schön kalt werden, im Sommer feiern Besucher die frische Luft. Ein Urlaubsziel vor allem für Wanderer, denn Vilaflor ist der Ort, der dem Teide-Nationalpark am nächsten liegt. Die Plaza Doctor Pérez Cáceres ist die gute Stube des Ortes. Dort liegt das Lokal Feunte Hermano Pedro, wo sich Wanderer an kalten Tagen in der kuschlig warmen Stube mit Kichererbseneintopf und anderen rustikalen Speisen stärken. Im Sommer kann man auf der Terrasse das Gesicht in die Sonne halten und vielleicht die köstliche hausgemachte Mandeltorte probieren – aus Mandeln, die rund um den Ort reifen.

TIPP

Ein Traum ist die Mandelblüte rund um Vilaflor im Januar und Februar.

Über dem Platz erhebt sich die dem heiligen Petrus geweihte Kirche San Pedro im Kolonialstil, die eindrucksvolle kanarische Holzschnitzarbeiten aufzuweisen hat. Eine Woche lang feiert man jedes Jahr in Vilaflor einen anderen Peter: Padre Pedro de Betancur, 1626 hier geboren, der in die Neue Welt auswanderte und mehr mit Taten als mit Worten in Guatemala für den Katholizismus warb. Am 30. Juli 2002 sprach Johannes Paul II. den ehemaligen Ziegenhirten aus Teneriffa in Guatemala-Stadt heilig – der erste Heilige von den Kanarischen Inseln.

Kirche und Dorfplatz verbindet ein hübscher Garten, durch den ein Bächlein sprudelt. Dort sprießen im Frühjahr zahlreiche endemische Pflanzen, die zum Teil auch wunderschön blühen wie die Rote Tajinaste, die im Teide-Nationalpark zu Hause ist. Für würzigen Duft sorgen Rosmarinhecken. Am Sonntagvormittag lockt der Markt in Vilaflor viele Besucher an. Dann kann man sich auf der Plaza mit kulinarischen Spezialitäten der Region eindecken: Teneriffa-Mandeln und Mandelgebäck oder Miel de Tajinaste, der cremige Honig der Roten Tajinaste. Und mit Wein natürlich, der auf den Terrassenfeldern rund um Vilaflor reift, dem höchstgelegenen Weinanbaugebiet Europas.

- Restaurante Feunte Hermano Pedro, Calle Francisco-Ortuño 7, 38613 Vilaflor
- ÖPNV: ab Costa Adeje Bus 342, Haltestelle Santa Catalina

IGLESIA

Lady of Crime

76

Agatha-Christie-Treppe in Puerto de la Cruz

Regionalkrimis sind angesagt, und natürlich wird auch auf Teneriffa – zwischen Buchdeckeln – fleißig gemordet. Doch nur wenige Besucher wissen, dass die „Lady of Crime", Agatha Christie, auf Teneriffa ein Gastspiel gab. Im Februar 1927, noch am Anfang ihrer Karriere, verbrachte sie mit Tochter Rosaly und ihrer Sekretärin eine Woche auf der Insel des ewigen Frühlings, um frische Kraft in einer Lebenskrise zu schöpfen. Vor allem die Scheidung von ihrem Mann hatte ihr zugesetzt. So schien die Insel, die bei britischen Touristen damals angesagt war, ein attraktives Ziel. Im Grandhotel Taoro im gleichnamigen Park in Puerto de la Cruz schrieb sie die Kurzgeschichte „Man from the Sea", die in Puerto de la Cruz spielt – auch wenn der Ortsname nicht erwähnt wird. Sie erschien Jahre später im Sammelband „Der seltsame Mr. Quinn". Auch Teile des Romans „Der blaue Express", der als Wendepunkt in ihrem Schaffen gilt, entstand auf Teneriffa. Vor allem aber entschied Christie während ihres Aufenthalts auf der Insel, das Schreiben zum Beruf zu machen. Sicher sah niemand damals ihren grandiosen Erfolg voraus: Von ihren 70 Krimis verkaufte Christie 2 Milliarden Exemplare.

TIPP

Kuchen und Snacks mit toller Aussicht gibt's im Café Alba am Mirador La Paz.

Längst hat die Tourismuswerbung Teneriffas die Britin für ihre Zwecke entdeckt. Die Stufen des Paseo San Amaro erinnern – bunt bemalt – an die Werke der Autorin. Ein toller Fotospot, der den unteren Ortsteil von Puerto de la Cruz mit dem schicken La Paz im oberen Stockwerk verbindet. Hat man die Treppe erklommen, steht man auf dem Mirador La Paz, dem wohl besten Aussichtspunkt der Stadt, wo eine Büste der Künstlerin Marta von Poroszlay seit einigen Jahren an Agatha Christie erinnert. 2021 benannte man auch eine Promenade im Viertel nach der Autorin: den Paseo Agatha Christie. Alle zwei Jahre dürfen Einheimische und Besucher außerdem beim Agatha-Christie-Festival anlässlich von Lesungen, Ausstellungen, Theater- und Filmaufführungen – auch in deutscher Sprache – in Erinnerungen an die Schöpferin von Miss Marple und Hercule Poirot schwelgen.

- Agatha-Christie-Treppen, Camino San Amaro (am Mirador La Paz), 38400 Puerto de la Cruz
- ÖPNV: Stadtbus 103, 30, Haltestelle La Paz

El secreto de Chimneys
At Bertram´s Hotel
Inocencia trágica
Three Act Tragedy
Agatha Christie Partners In Crime
Agatha Christie The ABC Murders
Agatha Christie N Or M?
Murder After Hours
An Overdose Of Death
Crooked House
Tres Ratones Ciegos
he Big Four
ards On The Table
e Mousetrap

Klangtempel in Weiß

77

Das Auditorio de Tenerife in Santa Cruz

Eine Mondsichel, eine Monsterwelle, eine Narrenkappe – eine Hommage quasi an die Karnevalsbegeisterung der Tinerfeños – oder doch ein Schiff, das stolz, schön und schneeweiß im Hafen liegt? Wie auch immer man den eleganten Schwung an der Spitze des Auditorio interpretiert – das Konzerthaus, das sich seit 2003 an der Meeresfront von Santa Cruz erhebt, ist ein Hingucker. Und eine Konzerthalle, die der Kulturinsel Teneriffa alle Ehre macht.
Der Hafen ist auch mit viel gutem Willen kein Vorzeigeviertel – es sei denn, man hat ein Faible für Industriecharme. Nach und nach soll die Schauseite der Stadt, wo Öltanker, Fähren und Kreuzfahrtschiffe ankern, ein neues Gesicht bekommen. Den Anfang machte das Auditorium, das auf Anhieb zum Wahrzeichen aufstieg und auf das die Hauptstädter zu Recht stolz sind. Millionen Bruchstücke weißer Kacheln überziehen die riesige Betonwelle, die auf einem Sockel ruht und in einer Spitze erstarrt. Sie schimmern bei Regen wie bei Sonnenschein wie Fischschuppen. Das Meisterwerk des spanischen Stararchitekten Santiago Calatrava brachte zweifellos Schwung ins Stadtbild und macht schon beim Anblick gute Laune. Es ist beliebtes Fotomotiv, aber vor allem ein Tempel der Kultur mit zwei Konzertsälen und hervorragender Akustik. Es gibt zahlreiche hochkarätige Gastspiele, und zu Hause ist hier mit dem Orquesta Sinfónica de Tenerife eines der besten spanischen Sinfonieorchester. Jährlich im Januar und Februar lädt das Auditorio zu Musikveranstaltungen im Rahmen des Festivals „Música de Canarias“ ein. Eine Konzertorgel im großen Saal, deren Elemente sich im Raum verteilen und an der bis zu neun Organisten gleichzeitig musizieren können, bietet Raumklang der Extraklasse. Nicht verpassen! Wer keine Gelegenheit hat, den Musentempel bei einem Konzert zu erleben – ein wunderbarer Platz ist auch die Terrassenbar, wo man je nach Jahreszeit am Spätnachmittag oder an lauen Sommerabenden bei Vino, Tapas und Meerblick sitzen und dem Strom der Konzertbesucher zuschauen kann.

TIPP

Spannend sind auch Führungen durch das Konzerthaus: Mo.–Sa. (außer Feiertage) 10, 12, 14 und 16 Uhr.

- Auditorio de Tenerife, Avenida de la Constitución 1, 38003 Santa Cruz, Tel. +34 (9 22) 56 86 00, https://auditoriodetenerife.com/en
- ÖPNV: ab Puerto de la Cruz Bus 103, Haltestelle Meridiano

Kolonialcharme

78 Die Plaza de la Constitución in La Orotava

Auf den ersten Blick wirkt La Orotava wie ein Museum – die eleganten Kirchen und Paläste entlang der Kopfsteinpflastergassen und die Bürgerhäuser im altkanarischen Stil sind bestens in Schuss. Und alte Traditionen werden gepflegt. So fiebert die ganze Stadt Jahr für Jahr Fronleichnam entgegen, ein Tag, der in La Orotava mit Inbrunst gefeiert wird. Die Bürger verwandeln dann den Platz vor dem Rathaus in eine Kunstgalerie und legen Teppiche aus Blüten und farbigem Vulkansand aus. Street-Art der etwas anderen Art – und leider deutlich kurzlebiger. Aber Traditionen und Denkmalschutz hin oder her – La Orotava ist altehrwürdig, aber bestimmt nicht in Ehrfurcht erstarrt.

Ein Lieblingsplatz ist die langgezogene Plaza de la Constitución zu Füßen der Altstadt – ein städtischer Aussichtsbalkon, denn man schaut von hier über die Iglesia de la Constitución mit ihrer charakteristischen Kuppel auf den Atlantik und zum Badeort Puerto de la Cruz, dessen Name ursprünglich Puerto (Hafen) de La Orotava lautete. Das sagt schon einiges über das Bedeutungsgefälle zwischen beiden Orten aus. An der Westseite des Platzes liegt das Convento de San Agustín, ein ehemaliges Kloster mit prächtiger Barockausstattung, in der Mitte eine Grünanlage mit einem verspielten Pavillon, wo sich die Einheimischen gern auf einen schnellen Kaffee oder einen Schlummertrunk treffen. Eine von Blütenpracht gesäumte Freitreppe führt hinauf zum pinkfarbenen Liceo de Taoro – ein historischer Stadtpalast, der früher Schule war und jetzt Kulturzentrum ist. Der Platz für Konzerte, Ausstellungen und mehr. Und mit einer netten Cafeteria, wo Angestellte der Büros ringsum gern ihre Mittagspause genießen.

Genug Stadtleben geschnuppert? Dann schlüpft man rechts vom Liceo durch ein Tor in die Jardínes Victoria, eine Gartenanlage mit stufenförmig angelegten Beeten und Wasserspielen. Dort kann man in aller Ruhe mit einem guten Buch den Nachmittag verbringen oder in der nostalgischen Casa Egon auf Kaffee und Kuchen einkehren.

TIPP

Casa Egon (Calle del Leon 5) ist seit Jahrzehnten eine Kultadresse für süße Sünden.

- Plaza de la Constitución, 6, 38300 La Orotava, mit Liceo de Taoro
- ÖPNV: ab Puerto de la Cruz Bus 101, 108, 30, Haltestelle Escultor Estévez (kurzer Fußweg)

Boule & Barraquito

79

Im Parque Taoro in Puerto de la Cruz

Die ersten Urlauber in Puerto de la Cruz waren Briten, die es liebten, auf der Kanareninsel in den ewigen Frühling einzutauchen. Auf das verschwenderische Grün des Vereinigten Königreichs mussten sie dennoch nicht verzichten. Eine illustre Gesellschaft, die sich die Auszeit auf den Kanaren leisten konnte. Man war sozusagen „unter sich" und logierte im Grand Hotel Taoro, das 1892 in 1A-Lage an einem Steilhang hoch über der Stadt erbaut wurde. Mancher Promi residierte in der stilvollen Bleibe, umgeben von einem parkähnlichen Hotelgarten. Agatha Christie, die weltberühmte Lady of Crime, verbrachte hier ein paar entspannte Tage, und auch der große Staatsmann Winston Churchill kam – im Schlepptau des griechischen Reeders Aristoteles Onassis – zumindest auf eine Stippvisite vorbei.

TIPP

Der Platz für den Sundowner: Terraza Taoro bietet einen herrlichen Blick über die Stadt.

Heute ist das Hotel Taoro, das nach einem Brand nie wieder an seine glamourösen Zeiten anknüpfen konnte, ein Lost Place. Immer wieder gab es Versuche, ihm wieder Leben einzuhauchen – eine Zeitlang als Spielcasino. Vergeblich. Der Hotelgarten jedoch, längst ein öffentlicher Park, ist nach wie vor ein Juwel. Hierher kommen Rentner, um den Hund spazierenzuführen oder mit Freunden eine Partie Boule auf einem der Plätze zu spielen. Berufstätige joggen im Parque Taoro nach Feierabend oder starten mit Yoga unter Palmen in den Tag.

Schattige Palmenalleen wechseln mit blühenden Beeten, Rasenflächen und Teichen, auf denen Seerosen um die Wette blühen. Ein Wasserfall rauscht in Kaskaden mit sanftem Getöse abwärts. Kurz und gut: Der Parque Taoro ist ein Platz für alle und alles. Auch für das gepflegte Mittagessen oder den Sundowner mit tollem Blick auf Puerto de la Cruz, das Meer und das Orotava-Tal im Gartenlokal Terraza Taoro. Die Karte ist überschaubar, aber alles schmeckt gut. Vor allem aber bietet sich hier ein wunderbarer Platz, um in gepflegtem Ambiente in den Abend zu gleiten. Am besten mit einem Barraquito, dieser köstlichen Kaffeespezialität aus Schichten von Kondensmilch, Likör, Espresso und Milchschaum, die in Teneriffa erfunden wurde.

● Parque Taoro, Carretera Taoro, 38400 Puerto de la Cruz
Terraza Taoro, Carretera Taoro 9, 38400 Puerto de la Cruz, Tel. +34 (9 22) 38 88 68
● ÖPNV: Stadtbus 102, 103, 30, 351, Haltestelle Zamora (5 Minuten Fußweg)

Sundowner

80 Das El Burgado bei Buenavista del Norte

Lounge-Musik säuselt leise, um das Rauschen des Meeres nicht zu übertönen. Fischernetze und Sonnensegel baumeln über den Tischen der großen Außenterrasse, die vor allem zum Sonnenuntergang heiß begehrt sind. Kein Wunder – der Blick vom El Burgado auf die Zacken des Teno-Gebirges ist ein Traum. Das Restaurant liegt direkt an den Klippen, nur einen kurzen Spaziergang von der Playa de las Arenas, einem schwarzen Lavastrand im äußersten Nordwesten Teneriffas, entfernt. In unmittelbarer Nähe breitet sich außerdem der Golfplatz Buenavista Golf aus, den die einstige Golf-Legende Severiano Ballesteros entwarf und der zweifellos zu den schönsten Plätzen der Insel zählt.
Kurz und gut: Die Terrasse des El Burgado ist ein Platz, der zu schön ist, um ein Geheimtipp zu sein. Gerade am Wochenende braucht man etwas Glück und Geduld, um einen Tisch zu ergattern. Das Essen ist bei der Lage eigentlich unwichtig und natürlich ein bisschen teurer, aber passabel. Ein Klassiker auf der Karte: die Meeresfrüchte-Paella. Doch ins El Burgado kommt man zweifellos in erster Linie, um bei einem Sundowner die Lichtstimmung am Spätnachmittag oder Abend – je nach Jahreszeit – zu genießen. Das Publikum, das sich zum Sunset hier versammelt, ist bunt gemischt: Leute vom Golfplatz, die Sekt und Meeresfrüchte auftragen lassen, aber auch Wanderer und einheimische Freundescliquen und Familien.
Viele kombinieren die Fahrt in den äußersten Nordwesten Teneriffas mit einer kleinen Küstenwanderung (1,6 km, einfach) zur Playa de Los Baqueros. Der mit Lavasteinen gepflasterte Wanderweg, der nach Schuhen mit dicker Sohle verlangt, schlängelt sich bei allerfeinsten Ausblicken an der schroffen Felsküste entlang nach Buenavista del Norte. Vorbei am Golfplatz, an Bananenplantagen, an Basaltsäulen, Lavapools und ehemaligen Salinen. Tosende Brandung, der Schrei der Möwen und ein grandioses Spiel der Farben in Atlantikblau, Lavaschwarz und üppigem Grün. Atlantik hautnah und lauter kleine Glücksmomente.

TIPP

Ein Pilgerziel für Golfer: Buenavista Golf, ein 18-Loch-Platz vor grandioser Atlantikkulisse (https://buena-vistagolf.es).

● El Burgado, Playa las Arenas, Camino del Rincón, s/n, 38480 Buenavista del Norte

Für Jörg, Vera, Uwe und Maria José
für unzählige Tipps und die Begleitung
auf vielen Glückstouren

Bibliografische Informationen der Deutschen Nationalbibliothek
Die Deutsche Nationalbibliothek verzeichnet diese Publikation in der Deutschen Nationalbibliografie; detaillierte bibliografische Daten sind im Internet über http://dnb.d-nb.de abrufbar.

Konzeption/Satz: Droste Verlag, Düsseldorf
Einbandgestaltung und Illustrationen: Britta Rungwerth, Düsseldorf, unter Verwendung von Bildern von © Fotolia.com: jd – photodesign.de; © iStock: Plociennik Robert
Fotos: Elke Homburg, außer:
Paradores de Turismo: S. 111; www.stock.adobe.com: S. 35 (AkimaFutura), S. 73 (inigolaitxu), S. 157 (ksch966)
Textlektorat: Brigitte Lotz

FSC www.fsc.org MIX Papier aus verantwortungsvollen Quellen FSC® C011279

Druck und Bindung: LUC GmbH, Greven
ISBN 978-3-7700-2398-1

www.droste-verlag.de